国家知识产权局知识产权运用促进司　指

科研组织知识产权管理体系
建设指南

中国科学院科技促进发展局 组织编写

杜 伟　崔 勇　邹志德　主编

Guidline for Intellectual Property Management System
Construction of Research and Development Organizations

知识产权出版社
全国百佳图书出版单位
—北京—

图书在版编目（CIP）数据

科研组织知识产权管理体系建设指南/中国科学院科技促进发展局组织编写；杜伟，崔勇，邹志德主编 .—北京：知识产权出版社，2019.7（2019.11 重印）

ISBN 978-7-5130-6190-2

Ⅰ.①科… Ⅱ.①中… ②杜… ③崔… ④邹… Ⅲ.①科学研究组织机构—知识产权—管理—中国—指南 Ⅳ.① D923.4-62

中国版本图书馆 CIP 数据核字 (2019) 第 063082 号

内容提要：

本书充分考虑不同战略规划、不同研究方向的科研组织，根据他们所处的管理阶段，对应不同的管理诉求，能承担的不同管理成本和管理风险，从知识产权管理的适宜性、充分性、有效性的角度给出规范体系的建设指南。

责任编辑：尹 娟　　　　　　　　　　　责任印制：刘译文

科研组织知识产权管理体系建设指南
KEYAN ZUZHI ZHISHI CHANQUAN GUANLI TIXI JIANSHE ZHINAN
中国科学院科技促进发展局　组织编写
杜 伟　崔 勇　邹志德　主编

出版发行：知识产权出版社有限责任公司	网　　址：http://www.ipph.cn
电　　话：010-82004826	http://www.laichushu.com
社　　址：北京市海淀区气象路 50 号院	邮　　编：100081
责编电话：010-82000860 转 8702	责编邮箱：yinjuan@cnipr.com
发行电话：010-82000860 转 8101	发行传真：010-82000893
印　　刷：三河市国英印务有限公司	经　　销：各大网上书店、新华书店及相关专业书店
开　　本：787mm×1092mm　1/16	印　　张：12
版　　次：2019 年 7 月第 1 版	印　　次：2019 年 11 月第 2 次印刷
字　　数：200 千字	定　　价：68.00 元
ISBN 978-7-5130-6190-2	

编委会名单

本书由大连市人民政府以及中国科学院 A 类战略性先导科技专项（专项编号：XDA21000000）资助出版。

序　言

创新是推动一个国家和民族向前发展的重要力量，事关国家前途命运。我国经济已转向高质量发展阶段，创新作为引领发展的第一动力和建设现代化经济体系的战略支撑作用更加凸显。加强国家创新体系建设是我国加快建设创新型国家的重大举措，也是建设社会主义现代化强国的内在要求。为了更好地保护创新、激励创新，党的十九大提出"倡导创新文化，强化知识产权创造、保护、运用"。国家创新体系是决定国家发展水平的基础，科研组织是国家创新体系的重要组成部分，加强科研组织的知识产权工作，充分发挥知识产权制度激励创新的基础保障作用，对于激发广大科研人员的创新活力、增强科研组织创新能力具有至关重要的意义，对于我国实施创新驱动发展战略也具有重大的现实意义。

党的十八大以来，党中央、国务院高度重视知识产权工作。习近平总书记强调"加强知识产权保护是完善产权保护制度最重要的内容，也是提高中国经济竞争力最大的激励"。这"两个最"的重要论述，将知识产权工作提升到了前所未有的高度，赋予其新的时代内涵。《中共中央国务院关于深化体制机制改革加快实施创新驱动发展战略的若干意见》明确提出"加强高等学校和科研院所的知识产权管理，明确所属技术转移机构的功能定位，强化其知识产权申请、运营权责"，也为科研组织的知识产权工作指明了方向。

国家知识产权局认真落实党中央、国务院决策部署，按照知识产权强国建设的有关要求，强化知识产权管理标准化体系建设的顶层设计，通过标准化手段推进创新主体的知识产权能力建设，推动知识产权创造、运用、保护、服务全流程管理与标准体系建设相结合。近年来，国家知识产权局联合相关部门先后共同起草制定了《科研组织知识产权管理规范》（GB/T 33250—2016）等多项知识产权管理国家标准，实现了科研院所、高等学校、企业等创新主体知识产权管理规范的"全覆盖"。目前，科研组织和高等学校知识产权管理标准的实施工作正在有序推进，企业知识产权管理标准实施工作已经取得了初步成效。截止至2018年底，全国累计贯标企业数量达3万余家，通过认证企业达到1.8万余家。据调查，99.2%获证企业认为知识产权管理体系有效提升了企业创新能力，有利于企业在市场中取得竞争优势；76.16%的获证企业已将知识产权管理上升至企业战略高度，统筹布局研发方向和经营策略。实践证明，企业知识产权管理标准实施工作已成为全面提高企业内部管理水平、获取外部竞争优势的重要抓手。

作为国家战略科技力量的中国科学院（以下简称"中科院"）一直十分重视知识产权工作。从2013年开始，中科院积极参与《科研组织知识产权管理规范》国家标准起草工作。2015年，中科院组织院属13个研究所率先开展《科研组织知识产权管理规范》贯标试点工作，针对科研组织知识产权管理标准化进行了有益的探索。2018年，中科院确定了32个研究所开展贯标工作。我们希望，中科院知识产权贯标工作将全面提升知识产权高水平管理、高质量创造和高价值运用能力，有效支撑科研组织创新能力提升，为全国的科研组织贯彻实施《科研组织知识产权管理规范》国家标准积累经验，树立标杆。

本书的三位作者均具有多年的中科院工作经历，曾参与编写《知识产权管理规范审核员统编教程》，具有深厚的知识产权管理和科研管理实践经验。本书通俗易懂，可读性强，着眼于科研组织贯标工作的实际需求，结合前期中科院贯标工作的基础和经验，从过程方法的角度对《科研组织知识产权管理规范》进行全面解读，进一步细化了科研组织知识产权管理体系建设和实施方面具体操作步骤，为指导科研组织顺利开展贯标工作提供了一部很好的实施指南和参考借鉴。

目　录
Contents

引　言 / 1

第 1 章　知识产权管理体系 / 3

1.1　管理体系 / 3

1.2　知识产权管理体系的内容 / 4

1.3　卓越绩效 / 6

1.4　知识产权体系建立过程 / 7

第 2 章　过程方法应用 / 12

2.1　过程 / 13

2.2　过程的确定与识别 / 14

2.3　过程的目标、绩效和绩效指标 / 16

2.4　对过程的监视与改进 / 18

2.5　过程方法在知识产权管理体系中的应用 / 18

2.6　"科研组织知识产权管理体系"过程与标准条款映射 / 21

2.7　过程分析九宫格 / 22

第 3 章　体系策划 / 24

3.1　总体要求 / 27

3.2　知识产权方针和目标 / 29

3.3 知识产权手册 / 32

3.4 文件管理 / 35

第4章 体系支持 / 38

4.1 最高管理者 / 39

4.2 管理者代表 / 41

4.3 知识产权管理机构 / 43

4.4 知识产权服务支撑机构 / 45

4.5 研究中心 / 47

4.6 项目组 / 49

第5章 基础管理及资源保障 / 55

5.1 基础管理的九宫格分析 / 55

5.2 人力资源管理 / 62

5.3 科研设施管理 / 76

5.4 合同管理 / 78

5.5 信息管理 / 82

5.6 条件保障 / 85

5.7 财务保障 / 86

第6章 知识产权创造过程 / 88

6.1 分类 / 90

6.2 立项 / 92

6.3 执行 / 93

6.4 结题验收 / 95

第7章 知识产权保护过程 / 98

第8章 知识产权运用过程 / 107

8.1 评估与分级管理 / 107

8.2 实施和运营 / 113

8.3 许可和转让 / 115

8.4 作价投资 / 117

第 9 章 体系持续改进过程 / 119

9.1 检查监督 / 119

9.2 评审改进 / 121

第 10 章 思 考 / 123

10.1 知识产权创造运用和保护应紧密围绕科研战略进行部署 / 123

10.2 资源管理与基础管理过程中的风险防控 / 125

10.3 体系融合 / 129

附录 / 132

致谢 / 176

引　言

在管理学中，组织战略是指组织对有关全局性、长远性、纲领性目标的谋划和决策，即组织为适应未来环境的变化，对生产经营和持续稳定发展中的全局性、长远性、纲领性目标的谋划和决策。组织战略是表明组织如何达到目标、完成使命的整体谋划，是提出详细行动计划的起点，但它又凌驾于任何特定计划的各种细节之上。战略反映了管理者对于行动、环境和业绩之间关键联系的理解，用以确保已确定的使命、愿景、价值观的实现。组织所处的生存和发展环境不同，成长阶段有所不同，组织的发展战略也会有所不同，但是对于组织管理者来说，有一点是共同的，那就是不管是哪种类型和处于哪个发展阶段的组织，都需要落实和执行组织战略，都需要对战略的执行过程进行监控和管理。战略的落实和管理的责任，应该是从最高管理者到每个员工的。每个人都可以对组织的战略做出重要的贡献，以将组织打造成为"战略中心型组织❶"。

知识产权战略是组织战略的重要组成部分，而知识产权管理就是知识产权战略落地的过程。标准往往是最佳实践的总结，是工具指南，但不能生搬硬套标准。每个标准都有其作用，任何工具都有用，关键是善用。工欲善其事，必先利其器。工欲利其器，必先熟其意。可见，知识产权管理标准（规范）是知识产权管理领域的最佳实践的总结，也是知识产权战略落地的工具指南。

管理总是要追求绩效。从管理学的角度看，绩效是组织期望的结果，是组织为实现其目标而展现在不同层面上的有效输出。组织绩效实现应在个

---

❶　"战略中心型组织"是一种新的组织形式，和其他一般组织的区别是能够系统地描述、衡量和管理战略。

人绩效实现的基础之上。只有组织的绩效按一定的逻辑关系被层层分解到每一个工作岗位以及每一个人，而且每一个人达成了组织的要求的时候，组织的绩效才能实现。可以说，知识产权管理标准（规范）是知识产权管理卓越绩效的实现路径。

然而，对于战略不同或者相同的组织，总是处在不同的管理阶段，有着不同的管理诉求，能承担不同的管理成本，亦能接受不同的管理风险。因此要求知识产权管理具有适宜性、充分性、有效性，也就是要求知识产权管理体系要具有适宜性、充分性和有效性。

上面阐述了战略管理、组织绩效和标准（规范）的关系，对于科研组织的意义，以及在知识产权领域的具体实践。下面进入正题，介绍基于卓越绩效管理模式下的知识产权管理体系建设的指南。

科研组织是国家创新体系的重要组成部分，知识产权管理是科研组织创新管理的基础性工作，也是科研组织科技成果转化的关键环节。制定并推行科研组织知识产权管理标准，引导科研组织建立规范的知识产权管理体系，充分发挥知识产权在科技创新过程中的引领和支撑作用，对于激发广大科研人员的创新活力、增强科研组织创新能力具有至关重要的意义。

科研组织知识产权管理规范基于科研组织的职责定位和发展目标，制定并实施知识产权战略。科研组织根据自身发展需求、创新方向及特点等，在贯彻实施过程中可对本规范的内容进行适应性调整，建立符合实际的知识产权管理体系，实现全过程知识产权管理，增强科研组织技术创新能力，提升知识产权质量和效益，促进知识产权的价值实现。

本书旨在从过程方法的角度对《科研组织知识产权管理规范》进行全面解读，结合前期中科院贯标试点工作的基础和经验，以及相关科研院所的实际案例，为科研组织建设知识产权管理体系提供参考和建议，帮助科研组织顺利完成《科研组织知识产权管理规范》的贯彻、实施工作，逐步建立起适合于本组织的知识产权管理体系并有效运行，把知识产权管理规范的要求融入科研组织的日常管理工作中。通过体系的建立与持续运行，实现知识产权全过程管理，为提高科研组织知识产权质量、增加具有商业化应用前景的长效且可用的知识产权供给、提升专利运营及科技成果转化成效提供制度保障。

第1章 知识产权管理体系

1.1 管理体系

1.1.1 体系

在管理领域，体系通常也称为"系统"。研究体系（系统）时经常会利用系统工程的概念。系统工程是以系统为对象的一门跨学科的边缘科学，是对所有系统都具有普遍意义的一种现代化管理技术，也是研究和解决复杂问题的有效手段。体系（系统）可以说是无处不在，大到宇宙、太阳系、社会，小到科研组织、产品和过程，都可视为一个体系（系统）。人们总是通过体系认识自然，了解社会，了解自身的组织，并进而掌握其自然规律，而管理者通过体系管理组织，通过体系提高管理效率实现总体业绩。

1.1.2 管理体系的内容

管理体系是组织建立方针和目标及实现这些目标的过程和相互关联或相互作用的一组要素，其目标是在管理活动基础上形成一套行之有效的系统。管理体系是一个组织的制度及其管理制度的总称。组织在建立管理体系之前，首先要设定管理的目标，做好管理的规划，形成组织的管理定位，将管理过程标准化，达到管理的最大效果。一个组织的管理体系可包括若干不同侧面的管理体系，如质量管理体系、环境管理体系、职业健康安全管理体系、信息安全管理体系、知识产权管理体系等。

理解管理体系需要掌握以下几方面内容：

（1）体系是相互关联或相互作用的一组要素，这些要素包括过程、资源、程序和组织结构；

（2）体系是由多个要素构成的有机体，相互关联、相互作用并达到系统性和整体的协调性；

（3）管理体系是制定方针、目标，并为实现目标而形成的体系，也就是过程方法应用后的结果；

（4）知识产权管理体系是管理体系中涉及知识产权管理目标的设置和实现的这一部分体系。组织总的经营管理体系和知识产权管理体系间存在着属种关系，因而知识产权管理体系是在知识产权方面建立方针和目标，实现目标并达到卓越绩效的体系。

1.2　知识产权管理体系的内容

1.2.1　标准内容

科研组织知识产权管理体系是指将知识产权放在科研组织管理的战略层面，将科研组织知识产权管理理念、管理机构、管理模式、管理人员、管理制度等方面视为一个整体，界定并努力实现科研组织知识产权使命的系统工程。

《科研组织知识产权管理规范》由国家知识产权局、中科院、中国标准化研究院起草编制，经原国家质检总局、国家标准化管理委员会批准，标准号为 GB/T 33250—2016，于 2016 年 12 月 13 日公开发布，2017 年 1 月 1 日起正式实施。

《科研组织知识产权管理规范》遵循 PDCA 循环管理原则，针对科研组织的项目管理特点，指导科研组织建立、运行并持续改进知识产权管理体系。除前言和引言外，《科研组织知识产权管理规范》标准有11章，其中第4~11章是该标准的主体部分，有关内容概述如下：

第4章"总体要求"，规定了建立、实施、运行知识产权管理体系的总体要求，分为4个小节，分别规定了管理体系建立的总体要求、知识产权方针和目标要求、知识产权手册和文件管理等方面的要求。

第5章"组织管理"，规定了管理者及管理部门的职责权限，分为6个小节，分别规定了最高管理者、管理者代表、知识产权管理机构、知识产权服务支撑机构、研究中心以及项目组的知识产权职责权限。

第6章"基础管理"，规定了科研组织知识产权基础管理的内容，分为4个小节，分别规定了人力资源、科研设施、合同以及信息等方面的管理要求。

第7章"科研项目管理"，规定了科研组织针对科研项目的知识产权管理要求，分为4个小节，分别规定了科研项目在分类、立项、执行以及结题验收等阶段知识产权管理的基本要求。

第8章"知识产权运用"，规定了科研组织在知识产权运用环节的管理要求，分为4个小节，分别规定了评估与分级管理、实施和运用、许可和转让以及作价投资等方面的内容。

第9章"知识产权保护"，规定了科研组织为防止被侵权和知识产权流失应开展的工作，包括建立标识、版权、专有信息等保护制度以及知识产权纠纷应对机制等。

第10章"资源保障"，规定了科研组织知识产权管理的基本保障要求，分为2个小节，分别规定了软硬件条件保障和财务保障要求。

第11章"检查和改进"，规定了科研组织知识产权管理体系持续改进的要求，分为2个小节，分别规定了检查监督和评审改进的要求。

1.3　卓越绩效

卓越绩效是通过综合的组织绩效管理方法，使组织和个人得到进步和发展，提高组织的整体绩效和能力，为顾客和其他相关方创造价值，并使组织持续获得成功。

卓越绩效模式（Performance Excellence Model）是当前国际上广泛认同的一种组织综合绩效管理的有效方法和工具。该模式源自美国波多里奇奖评审标准，以顾客为导向、追求卓越绩效的管理理念，包括领导、战略、顾客和市场、测量分析改进、人力资源、过程管理、经营结果等七个方面。该评审标准后来逐步风行世界发达国家与地区，成为一种卓越的管理模式，即卓越绩效模式。

它不是目标，而是提供一种评价方法。卓越绩效模式体现在四个方面：

（1）利益相关方、长短期利益的平衡，做到和谐共赢；

（2）发展的非固定性、开放性的管理框架；

（3）作为测量诊断式的评价旨在发现组织最强和最需要的改进；

（4）以卓越的过程创造卓越的结果。

卓越绩效管理虽然起源于质量管理，却超越了质量管理。它将质量管理的系统化、标准化、程序化和规范化的体系理念推广到组织经营管理的所有领域，当然也包括知识产权领域。如今，卓越绩效管理正日益成为一种世界性标准。全球已有60多个国家与地区，先后开展了卓越绩效管理的推广与普及。卓越绩效模式的理念和方法越来越被各类组织认同和采用，它在帮助组织增强应变能力、提高管理成熟度、实现持续经营和高质量发展等方面发挥了重要作用。

为了让绩效管理真正给组织带来高业绩，就必须做到结果与过程之间的统一：既在管理过程中强调结果，又注重过程中的沟通与反馈。管理者在考核中扮演的角色不是裁判而是教练，是事态发展的掌控者，还要能够预料到结果，并根据实际情况设计短期激励，调整计划或策略。只有将考核的过程管理好，才能在考核的结果中得到高绩效。同时，过程管理是现代组织管理的基础，组织只有不断梳理价值链，设计、优化关键过程并进行有效管理，才能实现卓越绩效的目标。当前，被各类组织广泛应用的ISO9001、ISO14001、ISO45001、卓越绩效模式、精益六西格玛等管理模式与方法，都对组织的过程管理提出了明确的要求。

当前，各类先进的管理标准和方法在组织中被广泛导入并应用，有力提升了组织的标准化水平。但是，随着各自独立运作的管理体系日益增多，体系之间欠缺协调、交叉重复等问题也随之出现。为提升管理效率，卓越绩效从组织整体绩效的角度，以过程方法为纽带，来看待组织的整体管理，帮助组织管理人员有效梳理、系统整合有关管理体系，避免管理断层或体系孤岛，可以作为今后组织开展管理体系整合的基础。

1.4　知识产权体系建立过程

知识产权管理规范体系建立过程包括确认组织环境、筹备启动、调查诊断、框架构建、文件编写、宣贯培训、实施运行、检查改进、认证审核九大过程，如图1-1所示。

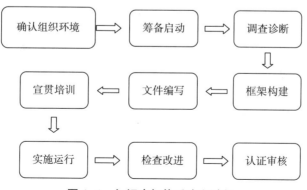

图1-1　知识产权体系建立过程

1.4.1　确认组织环境

1）分析确认外部环境因素。

在体系筹划构建之初，应从当前整体的经济、社会、政治、技术、产业市场、政策和法律法规等角度，开展外部环境分析，确定体系建立的外部环境，并明确外部需求。

2）分析确认内部环境因素。

同样，在体系筹划构建之初，应结合科研组织自身的各种现状，包括但不限于组织基本状况（发展战略、科研机构类型、法人形态、科研机构规模、学科方向、科研战略方向、财务保障模式和财务主要来源），支撑资源，人员，组织运行，组织治理和管理体系等角度，开展内部环境分析，确定体系建立的内部环境，并明确内部需求。

通过内、外部环境的分析，确认组织所处的环境，作为体系建设和运行的前提。

1.4.2　筹备启动

1）制定知识产权管理规范体系建立（以下简称"贯标"）工作规划，确保最高管理者参与。最高管理者的积极参与是贯标工作顺利进行的前提。

2）为了顺利推动体系建设，建议成立贯标领导小组、工作小组，必要时成立协调小组，人员包括最高管理者、管理者代表、相关部门负责人、知识产权工作和体系工作人员等。领导小组负责统筹策划知识产权体系，搭建体系架构、配备资源；协调小组负责内部沟通协调，确保贯标工作的顺利推进；工作小组负责贯标的具体建立、实施工作，可以有服务机构及外部专家参与。随着体系建设工作的进行，领导小组、协调小组及工作小组可以进行调整。

3）组织召开贯标工作启动会，宣传贯标意义，下达贯标分工及任务。

1.4.3　调查诊断

为了梳理现有知识产权管理中的现状，总结知识产权工作的特点，发现问题和不足，应进行调查诊断。调查诊断的原则是全条款覆盖、分层次调查，在此基础上完成映射表的填写。

1）贯标工作小组结合实际工作情况，制定调查诊断工作计划，应覆盖知识产权管理规范的全部条款。

2）根据工作计划，按照标准要求，分层次深入了解知识产权管理机构及其职责、相关部门的知识产权管理制度流程及对应表单的现状，可采用调查问卷、座谈、电话沟通等方式进行过程—部门—条款、条款—部门—过程的调查。

3）梳理调查结果，逐条比对标准条款的要求，发现问题和不足，找出知识产权工作的发展重点，给出改进措施，输出映射表，作为建立知识产权管理规范体系的基础。部门与规范条款映射表样例如图1-2所示。

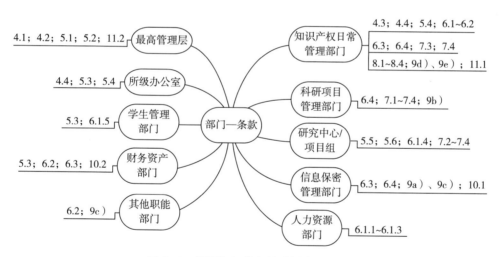

图1-2　部门与规范条款映射表样例

1.4.4　框架构建

在调查诊断并发现问题的基础上，建立知识产权管理体系框架，明确各部门的知识产权职责，重点是形成知识产权工作管理架构、方针、目标及其他体系文件等方面的初步规划，并在领导层和工作层上达成共识。

1）在组织管理方面，要明确最高管理者、管理者代表的职责和义务，确保贯标工作过程中人力、财务、信息等资源的配备以及相关事务的协调。特别要明确知识产权管理机构以及相关管理部门的工作职能和任务。

2）在人员配备上，在贯标工作初期阶段配备专门负责内外联系、上传下达等工作的人员。在体系覆盖部分都明确相关联系人，用于对接相关知识产权管理体系工作。

3）充分考虑组织现阶段的知识产权工作基础和未来发展的规划，明确知识产权方针和目标。知识产权目标的设置可分为长期目标、中期目标和年度目标。

1.4.5 文件编写

结合调查诊断的结果，对照标准要求，按照知识产权管理体系框架以及文件撰写要求，编制形成若干体系文件，用于规范知识产权各项工作过程。知识产权管理体系文件主要包括知识产权方针和目标、手册、程序文件、记录文件等。

1）方针和目标的编写要根据现阶段的知识产权工作基础和未来发展的战略规划进行，由最高管理者批准发布。

2）根据映射表的部门条款映射制订文件编写/修改计划，各部门按计划编写/修改手册、程序文件和记录文件，尽量沿用原有的制度、管理办法、程序及记录文件。

3）知识产权管理部门汇总形成知识产权体系文件初稿，并征求各部门意见。

4）修订后进行体系文件的审批、发布、实施。

1.4.6 宣贯培训

体系文件编写完成之后，需要组织各相关部门，对所涉及的体系文件进行培训学习，确保相关人员能够了解并遵守新颁布的关于知识产权工作的新要求，让体系涉及各岗位人员都清楚本岗位在体系中的职责，以保证构建体系的顺畅运行。

1）决策层和中、高级管理人员的培训，主要以标准内容和宏观知识为主，让领导层了解标准以及知识产权工作的重要性。

2）各部门管理人员的培训，如人事、财务、研发、转移转化、资产等部门人员，了解各自在知识产权方面的岗位职责，以及体系运行的重要性。

3）知识产权专 / 兼职人员的培训，要深入学习标准内容、管理手册、体系文件等内容，如有可能，还需要学习知识产权检索分析、技术交底书撰写、知识产权风险监控和防范等内容。

4）对于体系覆盖全体人员，按业务领域和岗位要求开展体系相关培训。

1.4.7 实施运行

在建立了知识产权管理组织架构、体系文件后，开始正式实施运行，使知识产权相关的各岗位和环节进入知识产权管理体系设定的流程规范，开展各项知识产权活动。在体系实施运行阶段，加强对记录文件的管理、保存、检查，以确保各种知识产权事务按照体系要求运行。

1.4.8 检查改进

建立自我完善机制，即持续地评价改进，也就是标准中提及的"检查和改进"。

1）设定适当的周期，对知识产权管理体系及其运行控制过程进行检查监督，明确检查的内容，将实际情况与规范所设定的目标进行对比，及时纠正知识产权管理体系制定和实施过程中存在的问题与不足。

2）评价改进的方式根据实际情况设定，包括但不限于内部审核、管理评审、外部审核和例行检查等。

1.4.9 认证审核

体系运行 3~6 个月后，贯标单位自评满足标准要求，可以向认证机构提出认证申请。贯标单位与认证机构签订合同，由认证机构进行认证。

第2章　过程方法应用

美国管理学家彼得提出的"木桶原理"告诉我们，一个木桶的容水量，不取决于桶壁上那块最长的木板，而取决于最短的那块木板，要使木桶能装更多的水，就要设法改变这块木板的现状。显然，无论对一个人还是对一个组织而言，这一理论都不无启迪意义。"木桶原理"表明，组织好比木桶，桶板代表组织各个部门，或是各个岗位。组织之桶的绩效水平取决于最短的那块板。其实，"木桶原理"成立的前提是组织桶板间严丝合缝，密不透水。在实际工作中，要想实现组织的各部门无缝衔接，岗位间平滑交接是十分困难的。部门间的板缝，只有靠更大的领导，也就是最高管理者掌控！岗位间的板缝——工作衔接矛盾，应由部门领导协调，有时也要靠最高管理者来解决。所以组织大大小小的问题，无不靠最高管理者来解决，组织的最高管理者最累。那么，最高管理者靠什么把板缝衔接起来呢？答案是：过程。对过程的有效管控，就如木桶的板块无缝对接，将组织中的不同业务类型或管理模式的部门有机整合在一起，并实现高效运转。

2.1　过程

2.1.1　过程的定义

所谓过程，就是一系列相互关联和相互作用的活动，它们将输入转换为输出。这些活动要求配置必要的资源，如人力和物力等。由此可见，过程包括输入、输出、活动及相关资源。例如：某工厂的采购过程，它将输入的所有供应商及其产品的信息与组织将要生产的产品规范相比较，确定买什么和从哪一个供应商处买；输出就是采购订单和收到供应商的商品和（或）服务。

对于一个组织来说，过程是客观存在，组织的任何活动都是通过过程及过程网络来实现的。然而，组织可以根据管理的需要去划分和定义组织的知识产权管理体系过程。

通常情况下，过程是首尾相互连接的，即一个过程的输出是另一个过程的输入。这样，过程之间的连接就构成了一个过程网络（或称为"过程系统"），并以此来实现其系统功能和过程预期的输出结果。

每个组织都应确定实现其经营目标所必需的过程的数量和类型。一个过程可以成为组织现有的一个（或多个）过程的组成部分，可以由组织根据自身实际发展的需求进行界定。过程方法可应用于任何组织和任何管理体系，无论其类型、规模和复杂程度。

2.1.2　典型的过程类型

从过程功能的角度，组织可以将其知识产权管理体系过程分为以下几种类型：

1）用于组织管理的过程：包括战略策划、制定方针和策略、设定目标、确保沟通，以及确保为了组织知识产权目标可获得必要资源等相关过程；

2）用于支撑保障的过程：包括一切提供资源的过程，而这些资源是实现组织的知识产权所必需的；

3）用于知识产权管理的过程：包括知识管理获取、运用和保护的一切过程（包括外包过程）；

4）用于测量、分析与改进的过程：包括为绩效分析和改进有效性与效率所进行的测量和收集数据的过程，还可以是测量、监视、审核、绩效分析与改进等过程。测量过程通常作为组织管理、资源和目标实现过程的一部分，分析与改进过程一般作为独立过程，并与其他过程相互作用。分析与改进过程从其他过程的测量结果得到输入，并为其他过程的改进提供输出。

仅仅划分过程，不是组织确定过程的真正目的。而搞清楚过程的输入或输出关系，并对过程的接口进行有效地管理，从而使过程的预期目标最大化，才是组织识别过程和管理过程的真正目的。

2.2　过程的确定与识别

确定过程是组织的责任。

所谓过程的确定，就是确定与组织知识产权管理体系有关的过程。具体如下：

1）定义过程的两端点；

2）明确过程的责任者，以及过程内活动与相关资源的连接和功能；

3）按照需求（包括内、外部需求）为导向的思路，明确过程的目标和绩效指标（适用时）。

过程的确定应有利于对过程实施管理。

2.2.1　确定过程的步骤

1）识别并明确组织的内、外部要求和适用法规的要求，确定上述要求是如何实现的；

2）组织的方针和目标是什么；

3）根据内、外部的要求及组织的目标确定必需的过程类型和数量；

4）实际的业务流程是怎样运行的，哪些采用外包，其相互关系是什么；

5）首先，定义知识产权管理类过程，根据其过程的功能定义过程的名称，确定过程的两端点；其次，确定知识产权管理类过程中与实现内、外部要求相关的资源管理和组织管理类的过程，确定这些过程的功能，是否实现了独立的运作过程，是否有必要定义为独立的过程；

6）基于组织的总体利益，从有利于管理的角度，确定过程的责任者，定义过程的目标和绩效指标；

7）按照输入与输出的关系将过程连接起来，明确相互之间的关系。

2.2.2　过程识别的适宜性

组织的知识产权管理体系过程的多少不是判定识别过程好坏的标准，而应以是否适合于组织实际运作作为关键，因此不同组织的过程识别应是不同的，即使是提供相同的产品的组织，由于组织设定的目标、资源差异、组织的结构等的不同，过程也会存在明显的差异。

在确定过程中，通常会存在两种误区。

误区一：按照《科研组织知识产权管理规范》中的条款简单地确定过程。

这种方法是简单地以标准条款作为定义过程的依据，而未能以组织的实际工作流程及其活动定义过程，当然也没有将过程的输入与输出搞清楚。这种定义过程的方式实际上还是仅仅停留在标准条款的要求上，而没有将条款的要求与组织的实际活动结合起来。

应该说明的是，标准的条款是对知识产权管理体系的要求，组织应根据实际存在的过程来确定和定义。对于标准中涉及的要求，组织可以通过不同层次的作业文件来进行规范，并指导活动的运行。

组织对过程的划分不宜过细，也不宜过粗，应与组织自身的资源、产品特点、活动类型以及管理的复杂程度相适应，而不是将每一个活动都作为知识产权管理体系的一个过程来识别。

误区二：按照组织的部门职能机械地定义过程。

这种方法是按组织部门的职能及其活动机械地定义过程。

通常情况下，部门职能或活动有可能只是某个实际过程的一部分，而按照部门的职能定义过程会将这个实际过程的功能割裂，尤其是较大组织，部门相对较多的情况下，这种划分是经常存在的。

组织经常被设计成职能部门的层级结构，并根据职能部门间的责任划分进行垂直管理。对于所有的活动参与者而言，最终内、外部相关方并不总是明确的。因此，在部门接口边界出现的问题往往不会像本部门的短期目标那样得到优先考虑。这就导致很少或没有针对相关方的改进，因为措施往往限于关注本部门的职能，而不是组织的预期服务。以部门来划分过程，部门的隔阂只会越来越严重，过程的效率只会越来越差，因此目前出现了扁平化的管理模式，采用过程方法来解决这一问题。

由此可见，对过程的确定与定义，既不能依据标准的条款也不能按照部门的职能，而要根据组织的实际活动的流程，参考标准的要求和过程的功能来定义组织的过程。在定义过程时，当若干过程功能一致时，可以考虑过程的合并，如项目立项过程、产品设计过程、工艺设计过程可以合并为产品设计开发过程；当某个过程构成特定的功能时，宜根据这一特定的功能来定义该过程。

2.3 过程的目标、绩效和绩效指标

2.3.1 过程的目标

过程的目标（Goals 或 Objectives）是指建立和运行该过程所期望达到的目的。目标既可以被定量地描述，也可以被定性地描述，并应可测量，如采购过程，其目标就是及时采购到符合要求的产品。

2.3.2　过程的绩效

过程的绩效（Performance）是指该过程实现其目标的效果和效率。

组织贯彻《科研组织知识产权管理规范》要求，既要关心过程的有效性，也要关心过程的效率。

有效性是指完成策划的活动并得到策划结果的程度；效率是指得到的结果与所使用的资源之间的关系。

2.3.3　过程的绩效指标

过程的绩效指标（Performance Indicators）是指为了有效地测量该过程实现其目标的进展和程度而选择的被测量的特性。绩效指标的选择必须是那些能够反映该过程的关键成功因素，即关键绩效指标，并应可测量，如专利检索过程，评价其绩效的关键指标可能包括"查全率"与"查准率"，这些指标的选择和确定是根据组织的管理基础和组织所确定的过程目标来决定的。

绩效指标有助于识别过程存在的必要性、过程的适宜性、对过程的测量措施、过程改进的方向以及其对知识产权管理体系的贡献等。

对于知识产权管理体系而言，绩效指标至少应能反映组织一致地提供满足组织发展需要和法律法规要求的知识产权支撑服务的可证实能力，体现那些针对知识产权管理体系有效性的持续改进的要求。

2.3.4　绩效指标值

绩效指标值（Target，以下简称"指标值"）是对选定的过程绩效指标的定量描述或定性描述。它可能由多种因素决定。

不同的组织或组织的不同管理时期与不同管理程度，可能选择不同的适合于组织当前业务要求的目标、绩效指标和指标值，并找到组织要改进的方面。上述目标、绩效指标和指标值的确定是贯彻《科研组织知识产权管理规范》中的条款——"知识产权方针和目标""检查监督"和"评审改进"

要求的关键，也是一个组织知识产权管理体系成熟度的真正体现。

在对知识产权管理体系实施认证时，为了判断组织知识产权管理体系的持续有效性，认证机构应与组织之间就适宜的关键绩效指标达成一致，并确保组织自始至终地达到那些确定的绩效指标值。

2.4　对过程的监视与改进

确定过程的有效性和效率这两类绩效指标是完成对过程进行监视和测量的策划的第一步，然后要规定职责、测量频次和评价方法，直至实施改进组织的知识产权管理体系过程。

确定在何处和如何进行监视和测量，这既适用于过程控制，也适用于过程改进。监视总是能加以应用，而测量也许是不现实的，甚至是不可能的。无论如何，通过测量能得到有关过程绩效的更客观的数据，这是一种有力的管理和改进工具。

通常，知识产权管理体系过程的有效性和效率绩效指标如下：

1）内、外部满意度；

2）专利组合；

3）专利许可金额；

4）专利转让数量；

5）知识产权诉讼（复审、无效）胜诉率；

6）过程成本。

2.5　过程方法在知识产权管理体系中的应用

2.5.1　过程方法在知识产权管理体系中的应用建议

如果组织希望按照《科研组织知识产权管理规范》的要求实施知识产权

管理体系，并将过程方法应用其中，下列建议是有用的。

1）对于正在实施或已经实施知识产权管理体系的组织，《科研组织知识产权管理规范》强调的过程方法，主要有：

（1）确定所需的过程，以确保知识产权管理体系有效实施；

（2）确定这些过程的相互关系；

（3）根据需要将这些过程形成文件，以确保其有效运行和控制。（可以使用流程图工具，但这并不是《科研组织知识产权管理规范》的要求）

2）宜将过程的分析作为驱动，来规定按照《科研组织知识产权管理规范》的要求知识产权管理体系所需成文信息的数量和程度。但应注意到，驱动过程本身并不要求形成文件。

2.5.2 基于过程的知识产权管理体系的建立和运行

在知识产权管理体系的建立和运行中，基于过程的知识产权管理体系具体体现为：

1）无论是判断知识产权管理体系的整体绩效，还是考核一个具体过程，都以其绩效指标的实现与改进情况为基础；

2）参照体系运行方自身的业务流程，并按照体系运行方所确定的一定数量和类型的知识产权管理体系过程及其之间的内在连接关系，对审核的路径进行策划和实施审核；

3）始终以满足受审核方的内、外部需求和法律法规要求作为审核的关注点，并以知识产权管理过程作为审核的主线；

4）在对知识产权管理类的过程实施审核的同时，关注与之相关的知识产权管理体系其他过程（如组织管理类的过程、支撑保障类的过程和测量、分析与改进类的过程）的作用和绩效；

5）针对每一个过程的审核，以该过程的绩效指标为切入点，通过追踪其绩效表现以及过程之间的输出与输入的关系，从系统的角度评价该过程在知识产权管理体系中的作用及其有效性；

6）从知识产权管理体系的整体角度，关注法规和相关方要求的实现情况、过程间的接口和过程的绩效情况等方面，并对知识产权管理体系的适宜性和有效性做出综合评价。

2.5.3　知识产权管理体系过程的建立

按照过程分析的方法，科研组织知识产权管理体系按类型分为组织管理过程、知识产权管理过程、支撑保障过程和测量、分析与改进过程。

1）组织管理过程。

组织管理过程是用来衡量和评价知识产权管理过程和支撑过程的有效性和效率、组织策划将实际要求转化为组织衡量的目标和指标，确定科研组织结构、产生决策和目标等过程。

科研组织应识别和管理以下过程：

（1）战略策划过程；

（2）制定方针和设定目标过程；

（3）内、外部沟通过程；

（4）确保为了组织知识产权目标和产品的预期结果可获得必要资源的过程。

2）知识产权管理过程。

知识产权管理过程是通过输入和输出直接和外部联系的过程，直接对科研组织产生影响的过程。

科研组织应识别和管理以下过程：

（1）知识产权的创造过程；

（2）知识产权的保护过程；

（3）知识产权的运用过程。

3）支撑保障过程。

支撑保障过程是提供主要资源或能力，为了科研组织的发展目标，实现预计目标的过程。支撑过程是支持知识产权管理的必要过程。

科研组织应识别和管理以下过程：

（1）人力资源管理过程；

（2）财务资源管理过程；

（3）信息资源管理过程；

（4）基础设施管理过程；

（5）合同管理过程。

4）测量、分析与改进过程。

测量、分析与改进过程是对知识产权相关方的满意程度、知识产权风险控制和知识产权管理体系运行进行全面的监视、测量、分析和改进的过程。运用该过程能够证实知识产权管理过程的符合性，确保知识产权管理体系的适宜性和有效性，做好体系的持续改进。

科研组织应识别和管理以下过程，确保有效决策和持续改进。

（1）测量过程；

（2）分析过程；

（3）管理评审过程；

（4）改进过程。

2.6 "科研组织知识产权管理体系"过程与标准条款映射

在此，我们将知识产权管理过程的分类（组织管理过程、知识产权管理过程、支撑保障过程和测量、分析与改进过程）与《科研组织知识产权管理规范》（GB/T 33250-2016）的条款予以对照，映射见表2-1。

表2-1　知识产权管理过程分类与标准条款的映射

序号	过程分类	标准条款
1	组织管理过程	4.1，4.2，4.3，4.4，5.1，5.2，5.3，5.4，5.5，5.6
2	知识产权管理过程	7.1，7.2，7.3，7.4，8.1，8.2，8.3，8.4，9
3	支撑保障过程	6.1，6.2，6.3，6.4，10.1，10.2
4	测量、分析与改进过程	11.1，11.2

同时，本书中知识产权管理过程的分类（组织管理过程、知识产权管理过程、支撑保障过程和测量、分析与改进过程）对应的章节如下：

1）组织管理过程：第3章体系策划和第4章体系支持；

2）知识产权管理过程：第6章知识产权创造过程、第7章知识产权保护过程和第8章知识产权运用过程；

3）支撑保障过程：第5章基础管理及资源保障；

4）测量、分析与改进过程：第9章体系持续改进过程。

2.7　过程分析九宫格

九宫格法是一种有助扩散性思维的思考策略，如图2-1所示，将主题写在中央，然后把由主题所引发的各种想法或联想写在其余八个宫格。其优点是由事物之核心出发，向八个方向去思考，发挥八种不同的创见。依循此思维方式加以发挥，并扩大其思考范围。

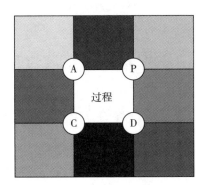

图2-1　九宫格过程图

过程分析九宫格见表2-2，其应用方法如下：

1）"资源/设施"栏主要是我们使用的资源，此处可以填写办公环境、机器设备、软件系统、通讯设施等内容；

2）"过程的拥有者"栏可填写该过程的负责人的"岗位名称"（人员会

流动，所以此处一般填写岗位名称）；

3）"人力资源"栏可以填写该过程的主要负责和协助人力资源、能力和培训等内容，主要是由谁来做，他具备何种能力；

4）"输入"栏可以填写顾客要求、计划、文件、材料、工具等实际接收的内容；

5）"过程及其起点和终点"栏分别填写该过程及其起点和终点；

6）"输出"栏可以填写产品、服务、报告、活动证据等实际交付的内容；

7）"工作方法／程序及关键步骤"栏可以填写过程控制程序、指导书、工艺、规范等内容，我们在实际工作中参照的标准和准则以及主要活动内容，尤其是该过程涉及的关键步骤；

8）"风险和机遇"栏可以填写组织环境、顾客、竞争对手等变化所带来的不确定性；

9）"绩效指标"栏可以填写对过程有效性的测量，如薄弱点、关键参数等内容。

表 2-2　过程分析九宫格

1 资源／设施	2 过程的拥有者	3 人力资源
4 输入	5 过程及其起点和终点	6 输出
7 工作方法／程序及关键步骤	8 风险和机遇	9 绩效指标

具体每个流程对应的九宫格，我们将在各章节结合过程以及条款进行细致描述。

第3章　体系策划

组织环境是对科研组织建立知识产权管理体系和实现目标的过程有影响的内部和外部因素的组合。科研组织在建立知识产权管理体系之前，必须充分识别、理解、确定与其宗旨和战略方向相关并影响其实现知识产权管理体系方针与目标的能力的各种外部和内部因素，这是其建立适合自身实际要求的知识产权管理体系的前提，是知识产权管理体系适宜性和有效性的基础。

确保组织理解与其宗旨和战略方向相关的外部和内部因素，这些因素能够对科研组织实现知识产权管理体系方针与目标的能力产生正面或负面影响。科研组织应意识到这些外部和内部因素可能发生变更，因此应对其进行监视和评审。科研组织可以按照策划的时间间隔，通过诸如管理评审等活动对组织环境进行评审。

外部和内部因素的信息可从多种来源获取，如内部成文信息和会议、国家或国际媒体、网站、国家统计部门和其他政府部门的出版物、专业和技术出版物、与相关方召开的会议，以及专业协会等。

与科研组织环境相关的外部和内部因素的示例可包括但不限于下列：

1）外部因素。

（1）经济因素，如货币汇率、经济形势、通胀预期、专利质押贷款总额、专利许可与转让的平均价格和专利保险等；

（2）社会因素，如知识产权认知文化、知识产权保护水平、教育水平、公共假期和工作日等；

（3）政治因素，如政治稳定性、国际间关系、当地基础设施、国际贸易协议等；

（4）技术因素，如技术研发趋势、新兴行业技术需求、材料和设备、专利期限、职业道德规范等；

（5）产业市场因素包括组织的产业链地位、产业的知识产权依赖度、市场份额、相似产品或服务、市场领导者趋势、顾客增长趋势、市场稳定性、供应链关系等；

（6）政策因素，如政府补贴与资助、项目申请的前置条件等；

（7）法律法规因素，如知识产权有关法律法规的完备程度、知识产权司法和行政保护力度、知识产权诉讼赔偿、知识产权诉讼成本等。

2）内部因素。

（1）组织的整体情况，如组织整体的发展战略、科研机构类型、法人形态、科研机构规模、学科方向、科研战略方向（如中科院"一三五"规划）、财务保障模式和财务主要来源等；

（2）资源因素，如基础设施、过程运行环境、组织知识等；

（3）人员因素，如专业人员的数量和能力、组织行为、文化等；

（4）运行因素，如过程或生产和服务提供能力、知识产权管理体系绩效、过程绩效的监视等；

（5）组织治理因素，如决策或组织结构方面的规则和程序、知识产权部门的设置、支撑服务机构的配备、管理执行力和协调能力等；

（6）文化因素，如内部对知识产权的认知度等；

（7）管理体系因素，如已经在运行的管理体系、管理体系方法熟悉程度、管理体系融合能力。

对于科研组织来讲，其外部因素包括来自国际、国内、地区和当地的各种政策及法律法规、学科方向、技术领域、竞争态势、市场需求、文化氛围、社会和经济环境的因素；其内部因素包括与科研组织的价值观、文化、知识和绩效等有关的因素，特别是科研组织的组织模式、资源配置方式、人才人事制度、评价制度等，这些因素都包括需要考虑的正面和负面要素或条件。与此同时，科研组织的内、外部因素是不断变化的，因此对相关信息应及时监控及评审，根据变化及时对其宗旨和战略方向，以及对实现知识产权管理体系目标带来的影响，做出快速的反应，进行必要的调整、变更，以适应变化的需要。

组织对内、外部因素的识别、监视、评价和确定的目的，是为了保证组织宗旨和战略方向的制定或修订，是为了保证组织宗旨、战略方向和战略目标的实现。因为组织宗旨和战略目标的实现是一个长期的过程，在实现组织宗旨、战略方向和战略目标时，组织的环境和影响因素会发生纷繁芜杂的变化，产生不可预知的风险和机遇。这就需要采取相应的措施应对，以保证组织宗旨和战略目标的实现。

以中科院的研究机构为例，其知识产权管理体系建设必须和其定位、体制机制以及科研活动的组织管理方式一致。2014 年，中科院实施"率先行动"计划，以推进研究所分类改革为突破口，把现有研究机构按四类进行定位：一是面向国家重大需求，组建若干科研任务与国家战略紧密结合、创新链与产业链有机衔接的创新研究院；二是面向基础科学前沿，建设一批国内领先、国际上有重要影响的卓越创新中心；三是依托国家重大科技基础设施，建设一批具有国际一流水平、面向国内外开放的大科学研究中心；四是依托具有鲜明特色的优势学科，建设一批具有核心竞争力的特色研究所。这四类科研机构基本涵盖了中科院现有优势科研力量的重点布局和主攻方向，对于不同类型的研究机构，从价值导向、治理结构、资源配置和评价方式等方面分类评价、分类管理，从而构建适应国家发展要求、有利于重大成果产出的现代科研院所治理体系。

3.1　总体要求

【标准条款】

4.1　总则

应按本标准的要求建立、实施、运行知识产权管理体系，持续改进保持其有效性，并形成知识产权管理体系文件，包括：

a）知识产权方针和目标；

b）知识产权手册；

c）本标准要求形成文件的程序和记录。

注1：本标准出现的"形成文件的程序"，是指建立该程序，形成文件，并实施和保持。一个文件可以包括一个或多个程序的要求；一个形成文件的程序的要求可以被包含在多个文件中。

注2：上述各类文件可以是纸质文档，也可以是电子文档或音像资料。

【过程要点】

科研组织知识产权的规范化管理可以通过建立和实施知识产权管理体系来实现。建立知识产权管理体系必须要实现体系的文件化和持续性。体系文件是科研组织实施知识产权管理体系的基础，包括知识产权方针目标、知识产权手册、文件化的程序和记录等三个层次的文件。

科研组织应当根据本单位业务特点、流程特点，结合《科研组织知识产权管理规范》的要求建立知识产权管理体系，对于标准中的某些内容、条款，可以适当调整，但是必须要给出合理的解释和说明，实施、运行知识产权管理体系并持续改进，保持其适宜性和有效性。

1）按本标准的要求，建立知识产权管理体系。建立的含义是按照PDCA循环策划体系，进行系统地筹划和搭建。

2）实施、运行并持续改进。实施和运行对应PDCA循环中的实施阶段；持续改进对应PDCA循环中的检查阶段和改进阶段。

3）保持有效性。知识产权管理体系必须适合科研组织的实际情况，对知识产权管理发挥切实有效的作用。

4）形成文件，即文件化，文件不限于纸质文件，也可以是电子文档或音像资料。

5）知识产权管理体系文件，主要有：

（1）知识产权方针和目标；

（2）知识产权手册；

（3）本标准要求形成文件的程序和记录。

6）知识产权方针和目标。在体系文件中必须包含知识产权方针和目标，无论是否单独形成文件。

7）知识产权手册是体系的纲领性文件，也是必须要具备的体系文件之一。

8）本标准中出现的"形成文件的程序"，是指建立该程序，形成文件，并实施和保持。文件与程序的关系可以是一对一、一对多或者多对一，仅要求内容对应，而并非形式对应。

【符合性检查】

1）查看体系文件，如体系文件是否完整、清楚，相关要求是否明确，是否包括方针、目标、手册、程序文件和相关记录等。

2）查看知识产权方针和目标的发布记录，是否符合标准和程序文件的要求。

3）查看记录文件，应至少涵盖标准中"形成、做好记录"的3处要求，具体为：

（1）6.1.2 入职和离职 a）；

（2）6.3 合同管理 a）；

（3）7.3 执行 b）。

【案例 3-1】

某研究所按照标准要求建立了知识产权管理体系，编制了知识产权手册、知识产权管理制度、程序文件以及相应的记录表单。在知识产权手册中明确了本所的知识产权方针及目标。针对有关职能和层次建立并保持知识产权目标，知识产权目标适宜并可考核，知识产权目标与知识产权方针一致，知识产权相关过程识别准确。

知识产权手册对应相关制度文件和记录表单，包含文件管理类、合同管理类、人事／培训类、信息／数据／研究报告／学术报告／学术论文类、实验仪器设备类、知识产权申请／维护类、知识产权纠纷诉讼类以及知识产权绩效评价类等。管理体系文件、程序文件及记录文件符合要求，法律文件有效。

※ 案例点评

知识产权管理体系文件是知识产权管理体系运行的依据。体系文件的多少取决于科研组织自身的规模、管理模式及学科特点，只要能够满足实际的管理需要即可。

3.2　知识产权方针和目标

【标准条款】

> **4.2　知识产权方针和目标**
>
> 应制定知识产权方针和目标，形成文件，由最高管理者发布并确保：
>
> a）符合法律法规和政策的要求；
> b）与科研组织的使命定位和发展战略相适应；
> c）知识产权目标可考核并与知识产权方针保持一致；
> d）在持续适宜性方面得到评审；
> e）得到员工、学生的理解和有效执行。

【过程要点】

知识产权目标是科研组织对于知识产权的数量、质量等的预期的结果。制定知识产权目标是落实知识产权方针和知识产权策划的重要手段。

知识产权方针和目标是科研组织知识产权管理的原则和方向，体现了科研组织知识产权管理的使命和追求。

1）科研组织应结合其总体发展战略和使命定位，制定知识产权方针和目标，并形成文件；方针和目标可以单独成文，也可以包含在知识产权手册中。

2）知识产权方针和目标由最高管理者批准发布。

3）知识产权方针和目标的实质要求：

（1）符合相关法律和政策的要求；

（2）与科研组织的使命定位和发展战略相适应，即落实战略导向原则；

（3）知识产权目标应在相关职能部门得到分解，并且可考核，具体可体现在知识产权手册中，也可以单独形成文件；

（4）通过监督检查（内部审核／管理评审／例行检查）对知识产权方针和目标进行评审，并形成知识产权方针和目标评审和改进的记录；

（5）在科研组织中宣传贯彻，确保员工、学生理解知识产权方针和目标。

【符合性检查】

1）查看文件化的知识产权方针和目标、知识产权管理手册，检查是否经过最高管理者的审批发布。

2）查看知识产权方针和目标的制定、评审和改进记录，检查是否定期评估知识产权方针和目标的合法与合规性、适宜性，以及知识产权目标和方针的一致性。

3）检查最高管理者或者管理者代表对知识产权方针和目标的评审、内部运行和宣贯方面的工作情况。

4）询问员工和学生，是否熟悉并理解知识产权方针、目标的内涵。

【案例3-2】

某研究所的知识产权方针：科学管理，追求卓越，激励创新，提质增效，持续改进。

该研究所围绕光电工程技术领域展开科技布局，通过技术交叉融合，贯通了信息获取、传输、处理、应用及控制的完整信息链，形成了载荷、平台、应用一体的集成创新能力，为服务于国家重大战略需求以及服务于国民经济主战场奠定了基础。通过实施知识产权战略，完善和规范知识产权管理体系，提升知识产权利用、保护和管理的能力。构建"面向成果转化需求的知识产权管理体系"，开展面向社会需求的技术服务和成果转化工作。

该研究所未来5年的知识产权目标为：

（1）知识产权获取数量每年递增30%；

（2）创建知识产权专员管理队伍，完成知识产权管理队伍的能力培训；

（3）针对不同管理层级、建立不同维度的知识产权培训体系，培养一批既拥有本领域的技术背景，又拥有知识产权、经济管理和投资等方面技能的复合型专业人才，提高技术创新能力。

按照此目标，该所每年制定年度目标并分解至各部门，每年年终汇总考核。

【案例3-3】

某研究所的知识产权工作方针为：增强意识，提升数量，重视品牌，促进转化。

知识产权工作目标如下：

（1）近期目标（1~3年）。

建立研究所的知识产权联络员队伍，项目组配备1~2名联络员；制订所内知识产权工作培训计划并实施；通过制度的修订或完善，提升知识产权数量和质量；提升知识产权转化标的额。

（2）长期目标（3~5年）。

建立较为完善的知识产权管理体系，对研究所科研、成果应用与转化、知识产权市场化与产业化工作起到规划、组织及指导等作用。

※ 案例点评

这两个研究所都制定了知识产权方针和目标。知识产权方针体现了研究所持续创新的理念与科技创新的文化，但是相对比较笼统，没有突出自身的特色；知识产权目标包括知识产权管理体系、知识产权数量和质量，以及人才培养等诸多方面，但是在"可考核"方面略有欠缺。

【案例3-4】

某研究所的知识产权方针是"强化知识产权布局，占领世界盐湖科技制高点"。该研究所围绕盐湖研究相关领域，部署了青藏高原盐湖锂资源绿色分离及高效开发、盐湖镁特色资源与高值化利用、钾资源高效利用和可持续发展新技术研究三大重点攻关方向，为我国钾、锂、镁、硼等战略资源的持续供给提供技术保障。通过实施知识产权战略，完善和规范知识产权管理体系，提升知识产权创造、保护、利用和管理的能力。构建"以成果转化为最终目标的知识产权管理体系"，开展面向行业需求的技术服务和成果转化工作。

该所知识产权长期目标为："稳步提升专利质量、逐步提高专利数量、培养复合型人才、推进专利技术转移转化"。

该所20XX年知识产权目标为：

（1）申请盐湖研究领域发明专利80项；

（2）组织科研人员以"专利挖掘与布局"为主题进行知识产权培训一次，组织新入所职工和研究生以"专利撰写"为主题进行知识产权培训一次；

（3）完成专利许可或转让一件，额度不低于100万元。

※ 案例点评

该所的知识产权方针与其使命定位和发展战略相一致，充分体现了该所的学科特色；知识产权目标与知识产权方针一致，明确且可考核。

3.3 知识产权手册

【标准条款】

4.3 知识产权手册

编制知识产权手册并应保持其有效性，包括：

a）知识产权组织管理的相关文件；

b）人力资源、科研设施、合同、信息管理和资源保障的知识产权相关文件；

c）知识产权获取、运用、保护的相关文件；

d）知识产权外来文件和知识产权记录文件；

e）知识产权管理体系文件之间相互关系的表述。

【过程要点】

知识产权手册是规定知识产权管理体系的文件。（GB/T 29490—2013，定义 3.7）

知识产权手册是科研组织人员处理知识产权事务的指南，其作用是为科研组织人员提供便捷的操作指导。

1）知识产权手册应保持其有效性，其具体内容如下：

（1）知识产权组织管理的相关文件，包括各部门的职责及分解目标等；

（2）人力资源、科研设施、合同、信息管理和资源保障的知识产权相关文件；

（3）知识产权获取、运用、保护的相关文件；

（4）知识产权外来文件和知识产权记录文件；

（5）知识产权管理体系文件之间相互关系的表述。

上述内容应在知识产权手册中予以规定，不能由程序文件来表述。

2）在知识产权手册中可以引用独立的程序文件，也可以对该程序表现的过程进行表述，形成手册中包含的程序文件。

3）知识产权手册需要对所有过程、各种文件之间的相互关系进行说明，从而体现体系的系统性。

4）知识产权手册可以按照标准的章节结构进行编写，也可以按照知识产权过程顺序进行编写，只要能够满足科研组织自身的使用要求即可。

5）科研组织可以结合自身的特点和需求，对标准中的相应条款进行适当调整，但是必须给出合理的解释和说明。

6）知识产权手册应由最高管理者批准发布。

【符合性检查】

1）查看知识产权手册及其发布记录，发布人应符合要求，发布日期应与申请书中填写的日期一致。

2）查看知识产权手册是否包括知识产权机构设置的要求或文件，以及知识产权机构的职责与权限的描述。

3）查看知识产权手册是否包括程序文件或对程序文件的引用。

4）若未申明调整，知识产权手册应包括标准的所有要求。

【案例3-5】

某研究所编制的《知识产权手册》，目录为：

0.1　前言

0.2　颁布令

0.3　机构简介

0.4　知识产权方针和目标

0.5　任命书

1.范围

2.规范性引用文件

3.术语和定义

4.总体要求

5.组织管理

6.基础管理

7.科研项目管理

8.知识产权运用

9.知识产权保护

10.资源保证

11.检查和改进

涉及标准的全部内容。手册中明确了知识产权管理机构的职责，并写明了对各程序文件的引用说明。

※ 案例点评

这个研究所是按照标准条款的章节顺序编制的知识产权手册。优点是便于与标准条款对照，一目了然；缺点是不能反映该所的学科、管理模式特点，以及重点工作流程。

3.4　文件管理

【标准条款】

> ### 4.4　文件管理
>
> 知识产权管理体系文件应满足以下要求：
>
> a）文件内容完整、表述明确，文件发布前需经过审核、批准；文件更新后再发布前，要重新进行审核、批准；
>
> b）建立、保持和维护知识产权记录文件，以证实知识产权管理体系符合本标准要求；
>
> c）按文件类别、秘密级别进行管理，易于识别、取用和阅读，保管方式和保管期限明确；
>
> d）对行政决定、司法判决、律师函件等外来文件进行有效管理；
>
> e）因特定目的需要保留的失效文件，应予以标记。

【过程要点】

知识产权管理体系文件是覆盖科研组织的创造、运用、保护和管理各环节的内部知识产权管理制度，以便日常知识产权管理有章可循，是知识产权管理体系存在和有效运行的基础。

1）知识产权管理体系文件包括知识产权方针和目标、知识产权手册、程序文件、管理制度、外来文件、各类记录文件等。

2）知识产权管理体系文件应保持内容完整、表述明确。

3）文件首次发布和修订后再次发布均须经过审核和批准，正式发布后才具有效力。

4）建立、保持和维护知识产权记录文件，保证其可追溯，以证实知识产权管理体系符合标准要求。

5）对体系文件进行识别，确定文件的类别和密级等，并按文件类别、秘密级别对文件进行恰当管理，做到易于识别、取用和阅读，具有明确的保管方式和保管期限。

6）对外来文件（包括但不限于行政决定、司法判决、律师函件）应进行有效管理，如收文、发文、归档、借阅等均应形成记录。

7）文件可以分为受控和非受控文件，确定受控文件的发放和使用范围。

8）失效文件的处置应有明确的流程，防止失效文件的非预期使用造成体系管理混乱；对于因特定目的保留的失效文件，应予以充分、明显的标记。

【符合性检查】

1）知识产权管理体系文件（知识产权方针和目标、知识产权手册、程序文件等）在发布前或者修订后重新发布时应经过审核与批准。手册发布后如有更改，应按照相关要求执行。

2）体系文件特别是程序文件对于过程的控制要求应明确。

3）查询文件管理的情况，应按要求形成保密文件，文件应按照类别和秘密级别分别管理。

4）查询文件识别、取用和阅读的相关要求，文件编号、调档记录等应按照相关要求执行。

5）查看对于外来文件（包括但不限于行政决定、司法判决、律师函件）的管理。

6）查询失效文件的相关要求，并重点关注现场存在的失效文件，是否按照要求进行标记。

7）查询文件分发的相关要求，并现场查看分发与控制记录。

【案例 3-6】

某研究所的文件管理部门编制了《知识产权管理体系文件控制程序》，将知识产权管理体系文件发文工作流程确定为主管编制、部门负责人审核、核稿、主管所领导审核签发、文书管理员复审、各部门拟稿人复审、制文、报送或通知等九项流程节点，通过审核、复审后挂网发布，公开发文，确保文件正式发布时内容完整、表述明确。比如，《知识产权管理办法》由知识产权办编制，经知识产权与成果转化处审核，最后经所办公室报主管所领导批准签发，经科学传播处审核后挂网发布，供全员下载执行。

对外来文件管理的要求，各部门应对本部门接收的外来文件进行识别，确定受控的外来文件范围，并列入本部门《内部受控文件清单》；外来管理标准及技术标准由标准化室负责跟踪，研究组予以配合；各部门负责核查本部门所执行的有关国家和地方等法律法规性文件的有效性。外来文件包括文书文件，科研文件，基建文件，固定资产投资项目文件，设备、人员、档案、声像、会计文件，知识产权文件，学位论文、著作、刊物、合同文件等。

※ 案例点评

体系文件在符合标准要求的前提下，应结合实际情况，适当予以增加或删减。

第4章 体系支持

　　建设知识产权管理体系，要明确各项目知识产权工作的实施主体，许多知识产权工作是由知识产权主管部门之外的其他相关部门完成的，知识产权主管部门更多地是处于一个管理、推进、协调、统筹的位置，这就需要对知识产权工作实施主体的职责进行明确划分。科研组织知识产权管理工作涉及范围广泛。从人员范围来说，涉及科研组织的全体员工；从工作层面来说，涉及科研组织的每个工作环节；从管理流程来说，涉及每个业务单元；从保护内容来说，涉及专利权、商标权、著作权、商业秘密等各方面内容。充分发挥科研组织每一位员工或学生的积极性和创造性，让知识产权促进创新，让知识产权保护成为科研组织文化的重要组成部分，是科研组织知识产权管理工作的重要职能。因此，体系建设首先应梳理科研组织的支持体系的层次、部门和相关的角色。在组织管理方面，要求最高管理者重视知识产权并保障体系运行条件、设置运营管理一体化的知识产权机构，体现管理体系的系统化。在组织结构上，明确提出对最高管理者、管理者代表、知识产权管理机构、知识产权服务支撑机构、项目组、项目组知识产权专员等不同层级的知识产权要求。

4.1 最高管理者

【标准条款】

> **5.1 最高管理者**
>
> 最高管理者是科研组织知识产权管理第一责任人，负责：
>
> a）制定、批准发布知识产权方针；
>
> b）策划并批准知识产权中长期和近期目标；
>
> c）决定重大知识产权事项；
>
> d）定期评审并改进知识产权管理体系；
>
> e）确保资源配备。

【过程要点】

最高管理者是在最高层指挥和控制组织的一个人或一组人。

最高管理者在组织内有授权和提供资源的权力。

最高管理者作为科研组织的第一责任人，其支持和参与是知识产权管理的关键，应全面负责知识产权管理。

1）最高管理者是科研组织知识产权管理的第一责任人。

（1）拥有知识产权管理体系内所有决策的最终决定权和所有冲突的最终裁量权。

（2）承担最终责任，为体系指明方向并设定目标、搭建组织架构、配备所需资源、评价管理绩效并持续改进。

（3）知识产权管理体系的工作本质上是一把手工程。

（4）方针、目标、重大事项、资源和评审五方面是最高管理者持续改进体系有效性的职责，亦是知识产权管理体系顶层设计的重要内容。

2）在知识产权管理体系的 PDCA 循环中，除了实施（D）之外的其他三个环节，都由最高管理者主导。制定方针目标、决定重大事项、配备资源属于体系策划（P），检查和改进包括检查监督（C）和评审改进（A）。

【符合性检查】

1）了解最高管理者对知识产权方针和目标、体系运行的规划、思考，查看知识产权方针和目标的评审、内部运行和宣贯方面的记录。

2）查看重大知识产权事项决定的程序和记录。

3）应按照部门制定分解知识产权目标，了解各部门知识产权目标的监督考核情况。

4）资源配置应匹配知识产权管理体系的建立、实施、保持和改进。

【案例 4-1】

某研究所所长是其知识产权管理体系的最高管理者，非常重视知识产权工作，在知识产权的保护、管理、战略研究、实施转化等方面进行了积极的创新和尝试。积极建立完善知识产权管理制度，成立知识产权管委会和知识产权办公室，培养和锻炼了一支知识产权管理和科技成果转化的专业化人才队伍。在他的带领下，研究所知识产权管理已经成为技术创新的重要动力。研究所先后获得全国企事业知识产权示范、试点单位，知识产权先进单位，以及"国家知识产权战略实施工作先进集体"等荣誉称号。截至 2017 年底，研究所累计申请专利超过 5000 件，其中发明专利比例超过 95%。近十年，实现知识产权转移转化包括许可、转让、投资作价等的专利有 300 多件，获得收益超过 10 亿元。

※ 案例点评

最高管理者对知识产权的理解和重视程度是知识产权管理体系能否有效运行的关键。在最高管理者的带领下，不断完善知识产权管理体系，为知识产权的有效保护、合理运用提供了有力的保障。

4.2 管理者代表

【标准条款】

> ### 5.2 管理者代表
>
> 最高管理者可在最高管理层中指定专人作为管理者代表，总体负责知识产权管理事务：
>
> a）统筹规划知识产权工作，审议知识产权规划，指导监督执行；
>
> b）审核知识产权资产处置方案；
>
> c）批准发布对外公开或提交重要的知识产权文件；
>
> d）协调涉及知识产权管理部门之间的关系；
>
> e）确保知识产权管理体系的建立、实施、保持和改进。

【过程要点】

1）管理者代表是组织内的最高管理层中的一员，由最高管理者任命，代表最高管理者在知识产权管理体系范围内，总体负责知识产权管理事务。

2）知识产权资产是指科研组织在科学试验等创新过程中，发明创造的高新技术和技术决窍形成的精神产品的一种产权形式，包括专利权、版权、商标、商业秘密、技术秘密等。

3）管理者代表的职责包括：

（1）审议研究所的知识产权规划并监督各部门执行，相应的审议及内部检查监督工作需要形成体现管理者代表签批的记录；

（2）审核研究所知识产权资产处置方案并形成记录；

（3）批准发布对外公开或提交重要的知识产权文件并形成记录；

（4）有效调动资源，协调涉及知识产权管理各部门之间的关系；

（5）确保知识产权管理体系的建立、实施、保持和改进。

最高管理者可根据知识产权管理体系的需要决定是否设立管理者代表。

如果不设立管理者代表，最高管理者应承担管理者代表的职责，或者将管理者代表的职责在知识产权管理体系内合理分配。如果设立管理者代表，管理者代表应由最高管理者任命，应为最高管理层成员之一。可根据科研组织实际情况，确定和调整管理者代表的职责。

【符合性检查】

1）查看管理者代表的职责与任命，如任命书及发布记录。

2）查看管理者代表是否是最高管理层成员。

3）查看知识产权工作规划的记录文件，知识产权规划的审议程序和记录，应对相关规划的执行开展指导监督。

4）查看知识产权资产处置方案的审核记录。

5）了解管理者代表协调涉及知识产权管理部门之间关系的记录。

6）查看对外公开或提交重要的知识产权文件的批准发布的记录。重要的知识产权文件的批准人和发布人应为管理者代表或最高管理者。

【案例4-2】

某研究所最高管理者任命该所主管知识产权工作的副所长为管理者代表，总体负责研究所知识产权管理事务。具体职责为：

（1）统筹规划研究所知识产权工作，审议知识产权规划，指导监督执行情况；

（2）组织审核研究所知识产权资产处置方案，协调涉及知识产权管理部门之间的相互关系；

（3）批准发布对外或提交研究所有关知识产权战略协作、知识产权合同等知识产权文件；

（4）确保研究所知识产权管理体系的建立、实施和保持。

※ 案例点评

管理者代表可以由主管知识产权和成果转化工作的副所长或所长助理担任，其职责可以不限于标准中规定的内容。最高管理者可以根据实际需要设定管理者代表的职责，并在任命书中和知识产权手册中予以明确。

4.3 知识产权管理机构

【标准条款】

> **5.3 知识产权管理机构**
>
> 建立知识产权管理机构，并配备专职工作人员，承担以下职责：
>
> a）拟定知识产权规划并组织实施；
>
> b）拟定知识产权政策文件并组织实施，包括知识产权质量控制，知识产权运用的策划与管理等；
>
> c）建立、实施和运行知识产权管理体系，向最高管理者或管理者代表提出知识产权管理体系的改进需求建议；
>
> d）组织开展与知识产权相关的产学研合作和技术转移活动；
>
> e）建立专利导航工作机制，参与重大科研项目的知识产权布局；
>
> f）建立知识产权资产清单，建立知识产权资产评价及统计分析体系，提出知识产权重大资产处置方案；
>
> g）审查合同中的知识产权条款，防范知识产权风险；
>
> h）培养、指导和评价知识产权专员；
>
> i）负责知识产权日常管理工作，包括知识产权培训，知识产权信息备案，知识产权外部服务机构的遴选、协调、评价工作等。
>
> 注：重大科研项目由科研组织自行认定。

【过程要点】

管理机构是科研组织落实知识产权管理工作的组织安排，应配备专职的工作人员，这是知识产权管理的基础。

1）根据科研组织职能部门及知识产权职责设置的不同，标准中要求的知识产权管理机构所应承担的职责可以由一个管理部门全部承担，也可以由多个管理部门共同承担。如果是多个管理部门共同承担其职责的，其主要管理部门（如知识产权办公室）的管理人员应为专职。

2）重大科研项目由科研组织结合自身学科方向和研究领域自行认定，应有项目台账、认定依据和管理方案。

【符合性检查】

1）应建立知识产权管理机构，并配备专职工作人员。查看机构设置规定、员工岗位说明等文件。

2）知识产权手册中关于知识产权管理机构（部门）的职能应包括标准中规定的内容。

3）查看知识产权总体规划和年度规划及其实施情况。

4）查看知识产权政策文件清单，关注其实施情况，包括知识产权质量控制、知识产权运用的策划与管理等。

5）应建立、实施和运行知识产权管理体系。

6）应向最高管理者或管理者代表提出知识产权管理体系的改进需求建议。

7）应组织开展与知识产权相关的产学研合作和技术转移活动。

8）查看专利导航工作机制的程序和制度文件，以及对重大科研项目的知识产权布局的记录。

9）查看重大科研项目管理规定，科研组织认定重大科研项目的依据。

10）查看知识产权资产台账。

11）查看知识产权资产评价及统计分析体系。

12）查看知识产权重大资产处置方案。

13）查看合同中知识产权条款的审查记录。

14）应建立知识产权专员制度和队伍，查询知识产权专员的培养和评价情况，查看知识产权专员制度和名单。

15）查询知识产权日常管理工作的开展情况，包括知识产权培训，知识产权信息备案，知识产权外部服务机构的遴选、协调、评价工作等。

【案例 4-3】

某研究所所务会会议决定成立该所知识产权管理规范贯标领导小组和工作小组，全面负责贯标工作组织与开展。其中，知识产权贯标领导小组组长为所长，贯标工作小组组长为主管科研工作的副所长。

研究所设立知识产权委员会，由分管知识产权、应用开发工作的所领导，所学术委员会主任、研究室主任、应用发展部主任、科研业务处处长、所知识产权专员以及若干应用开发与科研骨干人员等构成。委员会全面执行对研究所知识产权管理的监督与指导，对全所知识产权管理与应用工作起到宏观规划和咨询作用，对研究所技术研究和转化相关的工作事务进行咨询、评议、论证和审查。

知识产权委员会下设知识产权办公室，知识产权办公室现有工作人员 6 人，其中中科院知识产权专员 3 人，所级知识产权专员 3 人。知识产权办公室作为研究所知识产权管理机构，主要职能包括贯彻落实研究所知识产权工作委员会的工作部署，组织开展研究所知识产权战略规划制定、知识产权相关制度的建设，负责相关业务的宣教、培训等工作，具体协调处理研究所知识产权管理与应用工作中涉及的重大问题。

※ 案例点评

2014 年 7 月 15 日国家知识产权局等 8 部门联合印发《关于深入实施国家知识产权战略加强和改进知识产权管理的若干意见》指出：鼓励有条件的高等院校和科研院所设立集知识产权管理、转化运用为一体的机构，统筹知识产权管理工作。

按照标准的要求，标准中所提的"知识产权管理机构"融合了管理与运营一体化的知识产权管理。中科院在推行标准的过程中倡导设立独立的知识产权管理部门，融合成果转化和产业化的管理职能。基础好的或有条件的研究所可以设立独立的知识产权管理部门。采用分散部门管理的研究所，须明确牵头开展知识产权管理体系建设的部门。

4.4 知识产权服务支撑机构

【标准条款】

> **5.4 知识产权服务支撑机构**
>
> 建立知识产权服务支撑机构，可设在科研组织中负责信息文献的部门，或聘请外部服务机构，承担以下职责：
>
> a）受知识产权管理机构委托，为建立、实施与运行知识产权管理体系提供服务支撑；
>
> b）为知识产权管理机构提供服务支撑；
>
> c）为科研项目提供专利导航服务；
>
> d）负责知识产权信息及其他数据文献资源收集、整理、分析工作。

【过程要点】

知识产权服务支撑机构是支撑管理体系运行实施的重要力量，可设置在信息情报或图书馆等部门，或者委托外部服务机构完成，为科研组织建立、实施与运行知识产权管理体系提供全过程的服务。

知识产权服务支撑机构的职责为：

1）为建立、实施与运行科研组织知识产权管理体系提供服务；

2）为知识产权管理机构提供知识产权创造、保护、运用等方面服务；

3）为科研组织提供专利导航等知识产权信息及其他数据文献资源检索分析服务。

只要是承担标准中的职责的机构都可以归入知识产权服务支撑机构，其可以是设在科研组织内的信息情报部门，也可以是聘请的外部服务机构。

【符合性检查】

1）查看知识产权服务支撑机构的建设情况：

（1）自行建立的服务支撑机构。查看知识产权、支撑机构（部门）、人员或代理机构的职责，部门职能说明及人员任职条件、岗位说明书、招聘记录等；

（2）外部委托的服务支撑机构。查看代理机构委托协议。

2）知识产权服务支撑机构的职能应包括如下内容：

（1）受知识产权管理机构委托，为建立、实施与运行知识产权管理体系提供服务支撑；

（2）为知识产权管理机构提供服务支撑；

（3）为科研项目提供专利导航服务；

（4）负责知识产权信息及其他数据文献资源收集、整理、分析工作。

【案例 4-4】

某研究所设置知识产权办公室，负责知识产权管理工作，组织知识产权专员开展专利信息的收集、分析，为建立、实施与运行知识产权管理体系提供服务支撑等。其知识产权服务支撑机构还包括图书馆（提供科研战略信息搜集、整理、发布，查新检索等服务）、网络中心，以及外部知识产权服务机构（受知识产权办或研究组的委托，为科研项目提供专利导航服务等）。

※ 案例点评

根据研究所的科研需求，知识产权服务支撑机构主要从事知识产权信息利用的工作，对科研组织的知识产权管理体系提供支撑，其具体形式可以是科研组织内部的图书馆，也可以是中科院的文献情报中心，亦可以考虑其他外部机构。

4.5　研究中心

【标准条款】

> **5.5　研究中心**
>
> 　　研究中心应配备知识产权管理人员，协助研究中心负责人，承担本机构知识产权管理工作，具体包括以下职责：
> 　　a）拟定知识产权计划并组织实施；
> 　　b）统筹承担科研项目的知识产权工作；
> 　　c）知识产权日常管理，包括统计知识产权信息并报送知识产权管理机构备案等；
> 　　d）确保与知识产权管理机构的有效沟通，定期向其报告知识产权工作情况。
> 　　注：研究中心是指科研组织直接管理的实验室、研究室等机构。

【过程要点】

研究中心是指科研组织直接管理的实验室、研究室、研究部等机构，是科研组织根据研究方向、任务和技术力量，按学科分支或课题内容而建立的基本稳定的人、财、物组织管理单元，负责研究项目的组织实施，是知识产权管理工作运行的关键环节。

研究中心一般为某领域相近的研究团队集群。

1）研究中心的负责人是本部门的知识产权管理体系的第一责任人，负责研究中心的知识产权规划及管理实施。研究中心应配备知识产权管理人员，协助研究中心负责人承担本中心的知识产权管理工作。

2）研究中心配备的知识产权管理人员可以是专职，也可以是兼职，其职责主要有：

（1）根据研究中心的知识产权规划，做好项目中的知识产权工作；

（2）按照研发项目或者研究方向拟定知识产权计划，并组织实施；

（3）知识产权日常管理，包括统计知识产权信息并报送研究所知识产权管理机构等；

（4）确保与知识产权管理机构的有效沟通，定期向其报告知识产权工作情况。

【符合性检查】

1）研究中心应配备专职或兼职的知识产权管理人员，查看其承担的本机构的知识产权管理工作的具体情况。

2）查看研究中心的知识产权计划以及组织实施记录。

3）查看科研项目知识产权的工作记录。

4）查看知识产权日常管理记录，包括统计知识产权信息等，应按要求报送知识产权管理机构备案。

5）查看研究中心的知识产权台账，应及时更新并上报。

6）研究中心应定期与管理机构沟通并汇报工作进展，查看与知识产权管理机构的沟通记录以及知识产权工作报告。

【案例 4-5】

某研究所按照学科领域，下设研究中心若干，研究中心的负责人为知识产权工作的第一责任人。每个研究中心均配备了专职或兼职的知识产权管理人员，其中某些研究中心由院（所）级知识产权专员担任知识产权管理人员，某些研究中心则由科研秘书、科研人员等其他岗位的人员兼任。以某研究中心为例，该中心配备了专职的知识产权专员，负责协助研究中心主任对研究中心的知识产权工作进行管理。主要职责如下：

（1）结合研究中心的发展规划，拟定研究中心的中、长期知识产权计划和年度知识产权计划，包括专利、商标、软件著作权、论著等知识产权类别的申请规划，知识产权布局和保护策略，知识产权转移转化战略等，并负责按照上述计划组织实施该工作；

（2）对科研项目进行分级，并对重大科研项目按照科研项目的管理规定，对项目的立项、执行、结题验收中知识产权工作全过程进行统筹；

（3）知识产权日常管理，包括统计专利、商标、软件著作权、论著等知识产权信息和档案，并报送知识产权办公室备案；

（4）负责与研究所知识产权办公室有效沟通，定期向知识产权办公室汇报研究中心的知识产权工作进展。

※ 案例点评

作为一级科研方向相近的科研单元，应明确研究中心的知识产权管理要求，规定研究中心负责人的责任，配备专、兼职的知识产权专员，协助工作，并明晰知识产权专员的工作内容。

4.6　项目组

4.6.1　项目组长

【标准条款】

> 5.6　项目组
>
> 5.6.1　项目组长
>
> 项目组长负责所承担科研项目的知识产权管理，包括：
>
> a）根据科研项目要求，确定知识产权管理目标并组织实施；
>
> b）确保科研项目验收时达到知识产权考核的要求；
>
> c）设立项目组知识产权专员。

【过程要点】

项目组是以完成科研项目为目的的组织形式，是隶属于某一个科研组织的，相对独立地开展研究开发活动的科研单元，在项目执行期间具有相对稳定的管理机制和体制。

项目组长是其所承担科研项目的责任人。

1）根据科研项目要求，项目组长应明确知识产权管理目标并组织实施。

2）科研项目验收时，项目组长应确保满足知识产权考核的要求。

3）项目组长可设立专职或兼职的知识产权专员。

【符合性检查】

1）询问项目组长相关科研项目的知识产权管理要求及其承担科研项目的知识产权管理工作的具体情况。

2）查看科研项目要求，项目组长应明确知识产权管理目标并组织实施。

3）验收时科研项目应达到知识产权考核的要求。

4）项目组应设立知识产权专员。

【案例4-6】

中科院某研究所，下辖数十个项目组，其中某项目组由A研究员担任组长，全权负责该项目中的知识产权管理工作。依据该项目的知识产权管理制度和项目任务书的要求，项目组长明确知识产权申请目标，并负责组织项目中的科研人员对创新性科研成果采取适当的知识产权保护措施，包括但不限于专利申请和技术秘密保护，以确保科研项目验收时达到项目任务书中的规定要求。项目组长任命项目组B高级工程师担任知识产权专员，协助项目组长对各个子课题的知识产权工作进行管理。

※ 案例点评

作为科研项目的最基层管理单位的负责人，项目组长在科研项目的知识产权管理工作中起着承上启下的作用，是决定研究所知识产权管理工作成效的关键性岗位。提升项目组长的知识产权意识和能力尤为重要。组长可以根据项目组的需要设置知识产权专员，协助其做好管理工作。

4.6.2　知识产权专员

【标准条款】

> 5.6.2　知识产权专员
>
> 协助项目组长进行科研项目知识产权管理，负责：
>
> a）专利导航工作；
>
> b）知识产权信息管理，并定期向研究中心报告科研项目的知识产权情况；
>
> c）组织项目组人员参加知识产权培训；
>
> d）项目组知识产权事务沟通。

【过程要点】

知识产权专员协助项目组长进行科研项目知识产权管理，贯彻项目负责人的管理意志，是知识产权管理的具体执行人，也是项目组知识产权工作顺利开展的保证。

1）知识产权专员可独立开展专利导航工作，也可以委托知识产权支撑服务机构开展专利导航工作。

2）知识产权专员在项目组内开展知识产权信息管理，并定期向研究中心或上一级管理部门报告科研项目的知识产权情况。

3）知识产权专员组织项目组人员参加知识产权培训。

4）知识产权专员完成项目组有关知识产权的事务沟通并形成记录，如邮件、备忘录等。

【符合性检查】

1）查看知识产权专员协助项目组长进行科研项目知识产权管理的记录。

2）查看开展专利导航工作的记录文件。

3）查看知识产权信息管理的记录，应定期向研究中心报告科研项目的知识产权情况。

4）查看组织项目组人员参加知识产权培训的记录。

5）查看项目组知识产权事务沟通的记录，如邮件、备忘录等。

【案例4-7】

中科院 2007 年 10 月 22 日发布《进一步加强我院知识产权工作的指导意见》指出，"建立院重大项目与重要方向项目'知识产权专员'制度"是建立"院级指导、所级操作"知识产权管理及支撑服务体系的重要组成部分。科研项目知识产权专员制度是保障院、所两级知识产权管理、健全研究所知识产权管理机制的关键支撑。要求"院有关部门将知识产权专员制度纳入项目管理办法，加强院部署项目在立项论证、中期评估、验收结题、后评估等环节的知识产权管理"，以知识产权专员队伍建设强化、落实院级项目的知识产权管理。中科院首次明确了知识产权专员的任职条件与选任机制，其中规定，"知识产权专员应熟悉科技前沿动态、知识产权法律知识和科研项目管理知识，经培训、考试获得中科院颁发的岗位资格证书后上岗"。知识产权专员需经过专业培训考试，确认具有一定科技、法律和管理知识，方可从事知识产权管理工作。其中规定，"院重大项目的知识产权专员由依托单位推荐，院知识产权主管部门聘任。重要方向性项目的知识产权专员由研究机构聘任，报院知识产权主管部门备案。其他项目由研究机构自行组织、参照执行"；希望通过院级知识产权专员的选任，示范知识产权专员制度，以期获得所级知识产权管理的普遍采用。通过知识产权专员独立撰写知识产权分析报告，明确知识产权专员的主要工作内容和主要工作形式。自愿设立原则，人员属于支撑岗位。为加强中科院知识产权专员队伍建设，培养更多的既懂科学技术、又掌握知识产权保护与运用专业知识的复合型人才，中科院先后组织了知识产权专员培训、知识产权专题研讨和知识产权专员考试。自 2008 年起每年举行一次"中科院知识产权专员执业资格考试"，由中科院知识产权研究培训中心具体组织培训和考试，目前知识产权专员队伍已初具规模，推动了知识产权工作向深层次发展。中科院级知识产权专员通过院里组织的专员考试（每年一次，四门课程）后，由中科院科技促进发展局颁发资格证书。截至 2018 年底，全院共有 417 名员工通过考试，获得院级知识产权专员资格，知识产权专员队伍不断壮大；

知识产权专员分布于近100家院属单位，其中约60%的专员从事管理工作，将近40%的专员从事科研工作。中科院正致力于建设知识产权专员网络为研究所提供专业服务。

【案例4-8】

中科院某研究所建立了一支完备的知识产权专员队伍，由院、所两级知识产权专员组成，应用类的研究组都需要聘用知识产权专员，涵盖了该研究所涉及的各学科领域。该研究所十分重视知识产权工作，为推进知识产权保护与技术转移，2008年建设了以职能部门牵头、深入科研团队的所级知识产权专员人才体系。通过多年的培养和培训，全所绝大多数应用类的研究团队都设置了所级知识产权专员，形成了一支深入科研前线的、具有专业特色的知识产权专员团队，目前有所级知识产权专员70多人，为研究所知识产权工作的进一步发展提供了坚实的人力资源基础。所级知识产权专员是由所在研究室推荐，完成知识产权专员的培训课程后，经研究组申请、知识产权职能部门审核、人力资源处备案，通过研究所正式发文聘任。知识产权专员大部分是硕士和博士，具有本领域的基本知识，也具备了基本专利法律知识，通晓技术转移和知识产权知识，使技术转移初期在一线就可以消化很多基本的知识产权问题，可以协同知识产权管理人员共同处理知识产权问题。专员还负责与所外代理人的沟通，关注研究团队的专利申请检索、撰写及专利策略落实等工作，对提高申请质量起到了良好作用，并参与项目的立项和验收、合作开发项目以及技术转化谈判等环节。这种以知识产权办公室为业务指导和管理中心、以知识产权专员队伍为基础的工作网络，很好地解决了人手短缺、力量不足的问题。知识产权办公室为知识产权专员配备了专门的分析检索软件，定向设计了培训课程，建立工作组群，定期交流，充分调动和发挥了知识产权专员的积极性。积极推荐科研骨干进行培训，参加"中科院知识产权专员执业资格考试"，截至2018年已有20多人获得中科院知识产权专员资格。该研究所获得"国家知识产权战略实施工作先进集体"荣誉称号。

※ 案例点评

中科院十分注重知识产权管理工作，对专职知识产权管理和运营人员有很高的要求，致力于培养和锻炼一专多能的复合型人才，创造性地提出了"知识产权专员"的概念。经过多年的培养和培训，建立了一支 400 多人的中科院院级知识产权专员队伍，他们已经成为中科院从事知识产权管理和科技成果转化工作的骨干力量，发挥着越来越重要的作用。

研究所在贯标过程中应该充分发挥院/所级知识产权专员的力量，有条件的研究所可以由院/所级知识产权专员承担研究中心、项目组的知识产权工作，或者努力把研究中心、项目组的知识产权管理人员培养成院/所级知识产权专员。

第5章　基础管理及资源保障

科研组织知识产权管理体系建设并不全是知识产权管理部门的事情和任务，包括人力资源管理、科研设施管理、合同管理、信息管理、财务管理和条件保障等基础管理及资源保障都对知识产权管理体系的建设起到了重要作用。

5.1　基础管理的九宫格分析

5.1.1　人力资源管理过程

知识产权管理人员要有明确的职责和能力要求，人事管理部门要对即将担任知识产权管理人员的员工进行培训，并保证知识产权管理人员满足相应需求。人事部负责知识产权管理人员的配置和培训、科研组织的知识产权培训工作，对新入职员工和重大科研项目人员的知识产权背景的调查，与知识产权关系密切的岗位人员签署知识产权声明文件，离职员工、项目组成员退出科研项目、学生进入项目的知识产权事项提醒，与核心离职员工、毕业学生签署知识产权协议或竞业限制协议等，至少需要针对知识产权工作人员、全体员工、中高层管理者以及与知识产权密切相关的岗位人员进行四次及以上的知识产权培训，制定不同培训内容和流程，形成培训计划和实施安排，要求签到，最终形成记录。人力资源管理过程见表5-1。

5.1.2　基础设施管理过程

知识产权管理体系的运行需要以必要的基础设施为基础，软硬件设备包括知识产权管理软件、数据库、计算机以及网络设施等，知识产权管理人员的办公场所。同时，加强对科研设施的知识产权管理，包括采购实验用品、软件、耗材的知识产权审查；处理实验用过物品时的知识产权检查；制定仪器设备管理办法（包含知识产权要求）；租赁仪器设备合同中约定知识产权事务；国家重大科研基础设施和大型科研仪器向社会开放时，保护用户身份信息以及在使用过程中形成的知识产权和科学数据的措施；用户在发表著作、论文等成果时标注利用科研设施仪器情况的记录。基础设施管理过程见表5-2。

5.1.3　信息资源管理过程

知识产权服务支撑机构建立信息收集渠道，及时获取知识产权信息，建立专利信息分析利用机制，建立信息披露的知识产权审查机制。信息资源管理过程见表5-3。

5.1.4　合同管理过程

知识产权管理机构需要对各类合同的知识产权条款进行审查并形成记录，知识产权对外委托业务合同、委托开发或技术开发合同需要按规定设置知识产权相关条款。合同管理过程见表5-4。

5.1.5　财务资源管理过程

财务部需要设置用于知识产权申请、注册、登记、维持、检索、分析、评估、诉讼、培训、激励、知识产权管理信息化、知识产权信息资源以及知识产权管理机构和知识产权服务支撑机构运行的预算。财务资源管理过程见表5-5。

表5-1 人力资源管理过程

1 资源／设施	2 过程的拥有者	3 人力资源
计算机及网络、打印机、复印机、档案柜、会议室、公告、中科院科研管理信息化平台	人事部	协助各部门

4 输入	5 过程及其起点和终点	6 输出
• 现有知识产权岗位 • 现有知识产权工作人员 • 科研组织内部员工的知识和经验 • 各部门年度知识产权培训需求 • 新员工入职、新员工上岗、在职员工技能提升 • 外训申请、培训申请表、法律法规要求 • 科研组织各部门设置的岗位、职责及上岗要求	人力资源管理过程 起点：入职 终点：离职	• 知识产权培训及记录 • 新员工的知识产权背景调查 • 知识产权声明、学生的知识产权背景调查 • 离职员工知识产权事项的提醒、核心员工竞业限制协议 • 知识产权奖惩记录 • 论文发表、学位答辩、学术交流等学术事务事前信息披露审查记录

7 关键步骤	8 风险	9 绩效指标
• 合同中知识产权权属的约定 • 入职／离职人员的知识产权管理 • 组织开展知识产权培训 • 项目组人员的知识产权管理 • 对学生的管理	• 岗位职责规定不合理，员工执行不了 • 宣传不到位，执行率低 • 人员不充分，服务跟不上	• 按照岗位职责形成相应的记录 • 培训执行率 • 文件的可追溯性 • 按照人事管理制度执行，并形成记录

表5-2 基础设施管理过程

1 资源/设施	2 过程的拥有者	3 人力资源
计算机及网络、打印机、复印机、档案柜、会议室、公告栏、中科院科研管理信息化平台	办公室	协助各部门

4 输入	5 过程及其起点和终点	6 输出
• 组织机构图 • 人力资源分布 • 知识产权方针 • 知识产权目标 • 现有知识产权岗位 • 现有知识产权工作人员 • 保证知识产权管理体系的正常运转 • 保证知识产权数据的准确性 • 内部信息沟通需要 • 科研组织固定资产管理办法 • 科研组织仪器设备管理办法 • 科研组织仪器设备采购管理办法 • 科研组织试验用品回收处理办法	基础设施管理过程 起点：基础设施配备 终点：基础设施维护、更新	• 用于知识产权管理软件、数据库、计算机以及网络设施情况 • 采购实验用品、软件、耗材的知识产权检查记录 • 处理实验用过物品时的知识产权检查记录 • 租赁仪器设备合同中约定知识产权事务 • 国家重大科研基础设施和大型科研仪器使用中的知识产权保护记录 • 用户在发表著作、论文等成果时标注利用科研设施记录情况的记录

7 关键步骤	8 风险	9 绩效指标
• 采购物品的知识产权审查 • 实验用过物品的知识产权检查 • 仪器设备使用中的知识产权管理	• 没有配备相应的设备，没有相应的办公场所 • 无法有效支持知识产权管理体系的运行	• 是否配备软硬件设备，是否有办公场所 • 科研设备管理是否符合要求 • 采购物品是否进行知识产权审查

表 5-3 信息资源管理过程

1 资源／设施	2 过程的拥有者	3 人力资源
计算机及网络、打印机、复印机、档案柜	知识产权服务支撑机构	协助各部门

4 输入	5 过程及其起点和终点	6 输出
•《科研组织知识产权管理规范》的要求 •知识产权管理体系的要求 •组织管理的要求 •过程控制的要求 •相关法律法规	信息资源管理过程 起点：收集 终点：利用	•建立信息收集渠道，收集知识产权信息的记录 •专利信息分析利用机制，该信息分析利用的记录 •信息披露的知识产权审查记录

7 关键步骤	8 风险	9 绩效指标
•建立收集渠道 •建立分析利用机制 •建立信息披露机制	•重复立项及研发 •研究成果被他人提前进行知识产权保护	•是否建立组织的信息收集渠道 •是否对专利信息进行分析利用 •是否对知识产权信息披露进行审查

表5-4 合同管理过程

1 资源/设施	2 过程的拥有者	3 人力资源
计算机及网络、打印机、复印机、档案柜、中科院科研管理信息化平台	知识产权管理机构	协助办公室

4 输入	5 过程及其起点和终点	6 输出
•《科研组织知识产权管理规范》的要求 • 知识产权管理的要求 • 组织管理的要求 • 过程控制的要求 • 组织合同审批流程	合同管理过程 起点：合同签订 终点：合同执行期满	• 合同中的知识产权条款审查记录 • 知识产权对外委托业务合同 • 委托开发或合作开发合同 • 国家重大专项类知识产权合同

7 关键步骤	8 风险	9 绩效指标
• 对合同中知识产权条款的审查 • 合同对知识产权权属的约定事项	• 合同条款不明确而发生知识产权争议	• 合同知识产权审查率 • 各类合同是否按规定设置知识产权条款

表5-5 财务资源管理过程

1 资源/设施	2 过程的拥有者	3 人力资源
计算机及网络、打印机、复印机、档案柜、会议室、公告栏、中科院科研管理信息化平台	财务部	协助知识产权管理机构、知识产权服务支撑机构、研究中心
4 输入	5 过程及其起点和终点	6 输出
●组织战略方向 ●组织环境 ●组织业务流程 ●组织内部、外部条件 ●组织现有人力、设备、财力、环境等资源 ●组织规章制度 ●组织知识产权现状 ●组织日常管理办法和模式	财务资源管理过程 起点：预算 终点：结算	●知识产权申请、注册、登记的预算 ●知识产权维持的预算 ●知识产权检索分析的预算 ●知识产权评估的预算 ●知识产权诉讼的预算 ●知识产权培训的预算 ●知识产权管理机构、知识产权服务支撑机构运行的预算 ●知识产权激励的预算 ●知识产权保护的预算 ●知识产权管理信息化的预算 ●知识产权信息资源的预算
7 关键步骤	8 风险	9 绩效指标
●设立用于知识产权各项相关活动的预算 ●设立用于知识产权相关机构运行的预算 ●设立用于采购支撑知识产权相关活动的资源的预算	●没有相应的资金支持，知识产权相关活动无法开展	●是否设置了用于知识产权相关各项的预算、预算的设置是否合理、合法

5.2 人力资源管理

5.2.1 员工权责

【标准条款】

> 6.1 人力资源管理
>
> 6.1.1 员工权责
>
> 通过人事合同明确员工的知识产权权利与义务，包括：
>
> a）与员工约定知识产权权属、奖励报酬、保密义务等；
>
> b）建立职务发明奖励报酬制度，依法对发明人给予奖励和报酬，对为知识产权运用做出重要贡献的人员给予奖励；
>
> c）明确员工造成知识产权损失的责任。

【过程要点】

1）职务发明。属于职务发明的有：

（1）在本职工作中完成的发明；

（2）履行单位在本职工作之外分配的任务所完成的发明；

（3）退休、调离原单位后或者劳动、人事关系终止后一年内做出的，与其在原单位承担的本职工作或者原单位分配的任务有关的发明，但国家对植物新品种另有规定的除外；

（4）主要利用本单位的资金、设备、零部件、原材料或者不对外公开的技术资料等物质技术条件完成的发明，但约定返还资金或者支付使用费，或者仅在完成后利用单位的物质技术条件验证或者测试的除外。

2）奖励报酬是指《专利法》及其实施细则中规定的被授予专利权的单位对职务发明创造的发明人或者设计人的奖励，专利实施后被授予专利权的单位对发明人或者设计人给予合理的报酬。

3）在我国严格区分职务发明行为和非职务发明行为，可以通过人事合同以及其他协议对知识产权的归属、保密、奖励、署名等人力资源领域的事项做出明确约定。

通过人事合同（主要包括但不限于劳动合同和劳务合同）明确员工的知识产权权利与义务；科研组织亦可借助补充协议，或者在其管理制度中规定员工的知识产权权利与义务，包括：

（1）与员工约定知识产权权属、保密义务等；

（2）依照《专利法》《促进科技成果转化法》等法律法规建立职务发明奖励报酬制度，对为知识产权创造和运用做出重要贡献的人员给予奖励；

（3）明确员工造成知识产权损失的责任，做到奖罚分明。

【符合性检查】

1）查看知识产权权属约定、保密条款、竞业限制协议等在人事合同或科研组织内部的相关管理制度中的体现，或者单独签署的协议中的约定。

2）如劳动合同采用当地人力资源与社会保障部门或者系统的制式模板，因其中较少涉及知识产权权属约定的相关内容，需要关注该类合同的自由约定条款，或者其单独的补充协议。

3）查看职务发明奖励报酬制度，在手册、程序文件或规章制度中应明确知识产权创造、保护和运用的奖励和报酬，以及知识产权损失的责任。

4）查看知识产权奖励和报酬的发放记录，知识产权奖励和报酬的发放应和相关文件中的规定一致。

5）结合标准条款第10.2条财务保障，检查知识产权奖励和报酬的财务凭证。

【案例5-1】

某研究所通过聘用合同约定的保密条款如下：

"本合同解除或终止后，乙方未经甲方书面授权，不得披露、使用或者许可他人使用甲方的技术成果和资料，侵犯甲方的合法权益，否则甲方有权依法追究其侵权责任，乙方应依法承担相应的法律责任。

"本合同解除或者终止后，乙方违反规定使用或者允许他人使用甲方的技术秘密、知识产权的，乙方应依法承担法律责任。

"乙方违反有关规定或本合同约定，使用或者允许他人使用甲方的技术秘密、知识产权的，应当依法承担法律责任。"

该研究所还制定了《关于知识产权的管理规定》《专利管理实施细则》《专利工作奖励管理办法》《绩效考核办法》等制度，规定了职务发明的权属、奖励报酬制度，知识产权的申请、授权、许可、转让实施等的绩效量化考核办法，并通过研究所管理系统保留知识产权奖酬的发放记录。

关于权属的规定：本所的知识产权是指在本所完成的科技成果所取得的权利。这些成果有：

（1）本所职工在执行科研计划课题或合同课题时所完成的职务科技成果；以本单位名义或主要利用本单位物质条件完成的职务技术成果、自选课题、自筹资金项目，在工作时间内完成的职务相关的智力劳动成果权利；

（2）离休、退休、停薪留职或调离所的职工，在离开本所一年内完成的与其在本所承担的工作有关的职务科技成果；

（3）来本所学习、进修或合作研究的客座研究人员、研究生、博士后和临时聘用人员，在本所学习或工作期间完成的科技成果。

关于奖酬的规定："……横向项目的奖酬金提取基数由研究组自行决定，最高不得超过横向合同净收入总额；……研究组可以提取基数的××用于奖励，剩余用于研究所统筹。经上述分配后的横向经费结余，转入研究组结余经费账本，留归研究组继续用于科研活动支出；……奖励方案应在研究组内进行公示，并在科研项目归口管理部门进行审批；提取奖酬金且年收入在××万元及以上的试制产品合同加收合同总额××的管理费……"

关于奖励的规定：专利申请和授权奖励每年进行一次，对于专利奖励金额参照《专利法实施细则》执行。中国发明专利授权每件奖励4000元，PCT专利申请奖励3000元，外国专利申请按每个国家奖励3000元，外国专利授权奖励10000元。国外专利在不同国家申请，每个技术方案最多按5个国家奖励。各项专利奖励中第一发明人占奖金全额的60%以上，如果发明人之间关于奖励有协定，可按其协定分配。

关于专利工作先进团队的奖励：每年评选一次，每次每个奖种不超过3

个，每 5 年评选一次先进集体，评选不超过 10 个。

（1）专利实施优秀奖奖金 5 万；

（2）专利授权优秀奖奖金 3 万；

（3）专利申请优秀奖奖金 2 万；

（4）先进集体奖金 10 万。

※ 案例点评

从该研究所的绩效考核办法可以看出，该研究所取得突出的专利工作成效与其有比较科学合理的知识产权奖励激励制度是密不可分的。科研组织可结合自身特点，研究制定本单位的知识产权激励制度。

5.2.2　入职和离职

【标准条款】

> **6.1.2 入职和离职**
>
> 　　加强入职、离职人员的知识产权管理，包括：
>
> 　　a）对新入职员工进行适当的知识产权背景调查，形成记录；
>
> 　　b）对于与知识产权关系密切岗位，应要求新入职员工签署知识产权声明文件；
>
> 　　c）对离职、退休的员工进行知识产权事项提醒，明确有关职务发明的权利和义务；
>
> 　　d）涉及核心知识产权的员工离职时，应签署知识产权协议或竞业限制协议。

【过程要点】

科研组织应该采取措施降低员工入职和离职中的知识产权风险。对新入职员工在原科研组织的知识产权背景进行调查和了解，包括是否与之前的公司签订过保密协议、竞业限制协议等，避免与原科研组织发生不必要的诉讼；为保护科研机构的知识产权不会随着人员流动而流失，应完善离职人员的知识产权管理制度等。

涉及核心知识产权的员工是指接触并掌握某技术领域的核心技术的人员。

与知识产权关系密切岗位是指密切接触知识产权工作的岗位。

1）科研组织应确定涉及核心知识产权的员工，以及与知识产权关系密切的岗位。

2）对入职的新员工均应开展知识产权背景调查，根据其承担工作与知识产权关系的密切程度开展不同程度背景调查，具体形式包括问卷填写、电话核实、前雇主拜访和检索调查等，必须要形成记录。

3）鉴于科研组织的研发密集型特点，建议新员工入职时全部签订知识产权声明文件，以规避科研组织的法律责任。

4）涉及核心知识产权的员工离职时应签署知识产权协议或竞业限制协议。鉴于在入职时签订相关协议的主动性较强，建议科研组织在员工入职时与其同时签订保密协议和竞业限制协议。关于竞业限制，可以签订附生效条件的协议，科研组织在员工离职时可单方面决定该竞业限制协议是否生效、何时生效。

5）员工离职、退休时，应进行知识产权事项提醒，包括：

（1）在职期间接触的科研组织的全部未披露信息，负有保密义务；

（2）对于职务知识产权的归属做出的规定和约定。

【符合性检查】

1）根据人员类别，查看员工入职时办理的手续包括：

（1）入职时应进行知识产权背景调查；

（2）与知识产权关系密切岗位人员应签署知识产权声明文件；

（3）所签订的劳动合同或者补充协议应约定知识产权权属、保密条款等。

2）查看员工离职时根据人员类别办理的手续，包括：

（1）离职时应进行知识产权事项提醒；

（2）核心知识产权员工离职时，应签署离职知识产权协议或竞业限制协议等。

【案例 5-2】

某研究所要求新入所的核心研究人员签署商业保密和知识产权协议，要求对重点人员入职时开展知识产权背景调查，填写重点人员入职知识产权背景调查表（见表5-6）。

表5-6 重点人员入职知识产权背景调查表

填表日期 　年　 　月　 　日

本单位保留必要时向候选人/员工进一步获取更多信息的权利。本单位候选人/员工有义务配合本次调查且保证以下资料的真实性				
姓名		性别	□男 　□女	
入职部门		入职岗位		
入职日期		研究领域		
之前工作中专利申请情况				
类型（发明、实用新型、外观设计）	名称	申请号	申请人	全部发明人
之前工作中涉及的知识产权情况介绍				
目前或者进入本公司前最后一个雇主的详细信息，请填写所有完整信息并提供准确完整的名称、地址及电话号码				
公司名称		公司性质		
公司地址				
就职起始时间	自		至	
人事部				
人事部联系人				
职位		电话		
就职部门				
部门		直接主管		
职位		电话		
离职原因				

您是否允许本公司在您入职本公司之前向该雇主核查您所提供的知识产权信息？

□是　　□否

如果否，请说明原因：

以前雇主的详细信息（从最新信息写起）

请填写所有完整信息并提供准确完整的名称、地址及电话号码

公司一

公司名称		公司性质	
公司地址			
就职起始时间	自	至	
人事部			
人事部联系人			
职位		电话	
就职部门			
部门		直接主管	
职位		电话	
离职原因			

公司二

公司名称		公司性质	
公司地址			
就职起始时间	自	至	
人事部			
人事部联系人			
职位		电话	
就职部门			
部门		直接主管	
职位		电话	
离职原因			

续表

备注：如还有额外信息需要补充，请另附纸张	

尽你所知，你是否了解你和前（或现）雇主或者其他公司签订有类似竞业限制协议而可能会影响你能否在本公司工作？

□是　　□否

如果是，请列出相关限制详细内容

你曾经有过以下情形吗？包括：

□因为不正当行为或者原因而被辞退

□未通过背景调查

□曾被取消进入公司相关设施的权限

如果有，请全面解释

对于离职/退休的员工，在离职审批中增加知识产权环节进行知识产权提醒，并根据情况签订竞业限制协议，除了在职职工，还包括临时客座人员、博士后等。填写重点人员离职知识产权提示表（见表5-7）。

表5-7 重点人员离职知识产权提示表

填表日期　　年　　月　　日

人员名称		岗位	
部门		提醒人	
入职时间		离职时间	
涉及知识产权			
时间	知识产权	职位	涉及内容

续表

入职时有无签订保密协议： □有　　□无			
离职时有无签订竞业协议： □有　　□无			
提醒事项：			
员工签名			

※ 案例点评

新入所的核心研究人员签署商业保密和知识产权协议、对重点人员入职时开展知识产权背景调查等要求，通过协议来约定知识产权事宜，从而确定有关的权利、义务，规避不适宜的风险。

5.2.3   培训

【标准条款】

> 6.1.3   培训
>
> 组织开展知识产权培训，包括：
>
> a）制定知识产权培训计划；
>
> b）组织中、高层管理人员的知识产权培训；
>
> c）组织知识产权管理人员的培训；
>
> d）组织项目组长、知识产权专员的专项培训；
>
> e）组织员工的知识产权培训。

【过程要点】

科研组织可以通过培训这一方式，强化全员的知识产权意识，培养和提升相关人员的知识产权技能。科研组织应加大对科研人员的知识产权培训力度。

1）知识产权教育培训是提高全员知识产权意识和获取知识产权技能的重要手段。培训可以采用内部或外部、在线或现场授课、研讨交流等各种形式。

2）科研组织应制订教育培训计划并予以执行，做到可考核、持续改进。

3）应针对全体员工、中层管理人员、高层管理人员、知识产权管理人员、项目组长、知识产权专员等六类人员开展相应的有针对性的不同层次和内容的培训。

【符合性检查】

1）查看知识产权管理体系建立后的知识产权培训计划和培训记录。

2）查看培训计划和培训记录，应覆盖全体员工、中层管理人员、高层管理人员、知识产权管理人员、项目组长、知识产权专员等六类人员。

3）培训应适宜、有效，应关注培训效果。

【案例5-3】

某研究所每年制订培训计划，分别对研究所高层、知识产权专员、科研秘书、新入所员工和学生、科研团队开展培训。

对研究所高层提供每年一次培训，培训内容包括知识产权战略及规划管理等。

对所级知识产权专员开展 3 次培训，培训内容包括如何在科研项目中发现可专利的技术点、如何启发科研人员拓展发明思路、如何配合知识产权办公室专职人员进行专利检索和专利布局等。

对科研秘书开展 3 次培训，培训内容包括知识产权基础知识、知识产权审查周期、节点及相关费用等。

对新入所员工和学生开展知识产权常规培训，培训内容包括职务发明界定、知识产权基础知识、知识产权申请流程及规范等。

向科研团队提供 5 次专题培训，培训内容包括如何发掘并从源头上促进高质量专利产出、以转化为导向的专利申请策略等。

※ 案例点评

该研究所的培训制度值得借鉴。对新员工进行知识产权入职培训，有利于培养全员的知识产权意识，是做好知识产权工作的基础。针对不同级别的人员开展不同类型和主体的培训，有助于知识产权管理工作在不同层次上的均衡发展，推动整体知识产权管理水平的提高。

5.2.4　项目组人员管理

【标准条款】

> **6.1.4　项目组人员管理**
>
> 加强项目组人员的知识产权管理，包括：
>
> a）针对重大科研项目进行项目组人员知识产权背景调查；必要时签署保密协议；
>
> b）在论文发表、学位答辩、学术交流等学术事务前，应进行信息披露审查；
>
> c）在项目组人员退出科研项目时，进行知识产权提醒。

【过程要点】

应加强项目组人员管理。对重大科研项目的人员管理，建议由人事管理部门、项目组、知识产权管理部门等共同完成。

1）对项目组人员进行知识产权背景调查或知识产权承诺；签署项目保密协议，就项目中需要保密的事项予以明确约定。背景调查方式可与入职时的背景调查类似。

2）在论文发表、学位答辩、学术交流、项目申报等学术事务前，进行对外信息披露审查，以避免知识产权泄露；可参照项目依托单位的知识产权信息披露制度进行审查。

3）在项目组人员退出科研项目时，项目组负责对其进行相应的知识产权提醒。

【符合性检查】

1）查看参与重大科研项目的项目组人员的知识产权背景调查以及保密协议（必要时）。

2）查看在论文发表、学位答辩、学术交流等学术事务前对外信息披露的审查表。

3）查看在项目组人员退出科研项目时的知识产权提醒记录。

【案例5-4】

某研究所针对入选"千人计划""青年千人计划"等重要引进人才或者研究所、研究组认定的重要人员需要开展知识产权背景审核，要求其签署承诺书，项目组人员论文发表前或参加学术交流前、学生毕业答辩前要进行信息披露审查。

该研究所还与进入重大科研项目的人员签署保密承诺书和知识产权协议。对本所的人员根据研究所的规定进行背景调查；对非本所的项目组人员，根据情况进行知识产权背景调查或要求签署知识产权承诺书。

该所某重大项目组与项目组人员约定，项目组人员自进组接触项目组商业秘密信息起，至项目组人员离开项目组之日止，项目组会按一定的标准每月支付补偿费。项目组人员退出时，知识产权专员进行商业保密和知识产权提醒，如果项目组人员泄露商业秘密，违约金为××万元。

※ **案例点评**

在科研组织的知识产权管理中，科技人员、管理人员是重点管理对象，他们直接接触科研的技术方案、产品特性等知识产权信息，应当通过合同约定，明确其对知识产权的责任和义务，签署知识产权保护协议，明确其责任和义务，以防止科研组织的知识产权权利流失。

5.2.5 学生管理

【标准条款】

> **6.1.5 学生管理**
>
> 加强学生的知识产权管理，包括：
>
> a）组织学生进行知识产权培训，提升知识产权意识；
>
> b）学生进入项目组，应进行知识产权提醒；
>
> c）在学生发表论文、进行学位答辩、学术交流等学术事务前，应进行信息披露审查；
>
> d）学生因毕业等原因离开科研组织时，可签署知识产权协议或保密协议。

【过程要点】

这里所说的学生主要指在科研组织中学习并从事科学理论或实验研究的硕士研究生或博士研究生，还包括联合培养、委托培养、短期实习、毕业设计等学生。

1）学生管理部门应组织对学生进行知识产权培训，提升知识产权意识。培训可采用开设课程、讲座、报告、在线学习等多种形式。

2）学生进入项目组前，研究中心或项目组应对其进行知识产权提醒。

3）在学生发表论文、进行学位答辩、学术交流等学术事务前，研究中心或项目组负责进行对外信息披露的审查，必要时提交项目管理部门、学生管理部门或知识产权管理部门审查。

4）学生因毕业等原因离开科研组织时，学生管理部门可组织学生签署知识产权协议或保密协议；建议在知识产权协议中约定知识产权归属、署名权、荣誉权和发明人收益分配等。

【符合性检查】

1）查看组织对学生进行知识产权培训的记录。

2）查看学生进入项目组前进行的知识产权提醒。

3）查看学生发表论文、进行学位答辩、学术交流等学术事务前对外信息披露的审查记录。

4）查看学生因毕业等原因离开科研组织时，签署的知识产权协议或保密协议。

【案例5-5】

某研究所对学生（包括联合培养或短期实习）、访问学者及临时实验等人员的入所培训中开设专利知识讲座，知识产权办还录制在线知识产权培训课程供新入所人员（包括上述学生）在线学习，须完成在线课程学习后方可入所报到。

该研究所制定了《研究生科技成果管理规定》，要求研究生入学前签订《科技成果保证书》，加强研究生科技成果管理，维护研究所和研究生的合法权益。

其中，关于成果权属的规定如下：

"研究生在学期间取得一切研究成果为研究所所有。

除合同另有约定外，利用研究所的条件完成的研究成果亦属研究所职务成果。

毕业后一年内做出的与其在所期间承担或分配的科技任务有关的研究成果仍属于研究所职务成果。

研究所职务成果属研究所所有，未经研究所审核同意，不得自行转让或进行其他处理。"

※案例点评

在科研组织中，学生参与科研工作，接触大量的知识产权信息，加强学生管理，提升其知识产权保护意识，是科研组织保护知识产权的有效措施。

5.3 科研设施管理

【标准条款】

> 6.2 科研设施管理
>
> 加强科研设施的知识产权管理，包括：
>
> a）采购实验用品、软件、耗材时进行知识产权审查；
>
> b）处理实验用过物品时应进行相应的知识产权检查；
>
> c）在仪器设备管理办法中明确知识产权要求，对外租借仪器设备时，应在租借合同中约定知识产权事务；
>
> d）国家重大科研基础设施和大型科研仪器向社会开放时，应保护用户身份信息以及在使用过程中形成的知识产权和科学数据，要求用户在发表著作、论文等成果时标注利用科研设施仪器情况。

【过程要点】

国家重大科研基础设施和大型科研仪器主要包括政府预算资金投入建设和购置的用于科学研究和技术开发活动的各类重大科研基础设施和单台（套）价值在人民币 50 万元及以上的科学仪器设备。

重大科研基础设施是指由政府预算资金进行较大规模的投入，同时通过较长时间工程建设完成，建成后一般需长期稳定运行和持续开展科学技术活动，以实现重要科学技术或公益服务目标的重大科学研究系统，既包括发改委批准建设的国家重大科技基础设施，如北京正负电子对撞机、上海光源等，也包括各部门、单位立项建设的其他重大科研基础设施，如各类风洞、超算中心等。

大型科研仪器是指原值在 50 万元人民币及以上直接服务于科学研究或技术开发活动的仪器设备，包括科研教学仪器，但不包括各种动力设备、机械设备等辅助设备，也不包括用于生产的仪器设备。

在科研组织内部，实验用品、仪器设备是产生知识产权的物质保障，其本身也负载了大量知识产权，因此加强科研设施的知识产权管理对于科研活动的正常进行非常重要。

1）采购实验用品、软件、耗材时，采购部门定期进行供应商知识产权审查，以避免侵权，采购合同中应有相应的知识产权条款。

2）处理实验用过物品时，应进行相应的知识产权检查，检查实验设备中的相关数据是否备份，确保彻底删除，防止数据泄露。

3）在仪器设备管理办法中明确知识产权要求，对外租借仪器设备时，应在租借合同中约定知识产权事务。

4）国家重大科研基础设施和大型科研仪器向社会开放时，应保护用户身份信息以及在使用过程中形成的知识产权和科学数据，要求用户在发表著作、论文等成果时标注利用科研设施仪器的情况。

【符合性检查】

1）查看供应商的知识产权背景调查，是否对采购合同进行知识产权条款审查，关注在订立采购合同时，知识产权风险的归属。

2）查看采购实验用品、软件、耗材时的知识产权审查记录。

3）查看处理实验用过物品时的知识产权检查单。

4）查看对外租借仪器设备的租借合同中约定的知识产权事务条款。

5）查看国家重大科研基础设施和大型科研仪器向社会开放时，应保护用户身份信息以及在使用过程中形成的知识产权和科学数据，要求用户在发表著作、论文等成果时标注利用科研设施仪器的情况。

【案例5-6】

某研究所在采购实验用品、软件、耗材时，对供应商进行知识产权调查、定期评定，形成年度合格供方名录。某研究所印发了《科研物资管理办法》以及《科研仪器设备管理办法》，规定了科研活动中所使用的耗材，包括试剂、药品、原材料及实验工具等的采购归口管理部门，并明确了各部门的管理职责，包括审核采购合同的知识产权条款职责和分工等。在采购合同中严格规定知识产权权利和义务条款，确保采购的产品不侵犯他人的知识产权，并明确发生侵犯他人知识产权时双方所应承担的责任。对供应商提供的产品做好知识产权审查和判断工作，一旦发现存在侵权风险要有相应的解决措施。

该研究所在实验用过物品的处理中规定：使用部门申请报废仪器设备，经使用部门负责人、经办人签字确认后报送财务资产处，财务资产处对仪器设备折旧年限、净值、知识产权、处置方式等内容进行审核。

研究所还利用"中国科学院大型仪器共享管理系统"，要求用户在发表著作、论文等成果时标注利用科研设施仪器的情况，保护用户身份信息以及在使用过程中形成的知识产权和科学数据。

※ 案例点评

科研组织应该在实验用品、仪器设备的采购、使用、处置过程中做好知识产权管理工作，避免知识产权侵权风险。

5.4 合同管理

【标准条款】

> **6.3 合同管理**
>
> 加强合同中的知识产权管理，包括：
>
> a）对合同中的知识产权条款进行审查，并形成记录；
>
> b）检索与分析、预警、申请、诉讼、侵权调查与鉴定、管理咨询等知识产权对外委托业务应签订书面合同，并约定知识产权权属、保密等内容；
>
> c）在进行委托开发或合作开发时，应签订书面合同，明确约定知识产权权属、许可及利益分配、后续改进的权属和使用、发明人的奖励和报酬、保密义务等；
>
> d）承担涉及国家重大专项等政府项目时，应理解该项目的知识产权管理规定，并按照要求进行管理。

【过程要点】

合同是权利、义务约定的载体，是管理工作的依据。科研组织应高度重视合同中涉及的知识产权内容。本标准中的合同包括但不限于人事合同、采购合同、技术合同、销售合同和知识产权服务合同。

知识产权条款是指约定的知识产权权属、许可及利益分配、后续改进的权属和使用、发明人的奖励和报酬、保密义务等内容。

国家重大专项，即国家科技重大专项，是为了实现国家目标，通过核心技术突破和资源集成，在一定时限内完成的重大战略产品、关键共性技术和重大工程，是我国科技发展的重中之重。

政府项目是指为了适应和推动国民经济或区域经济的发展，为了满足社会的文化、生活需要，以及出于政治、国防等因素的考虑，由政府通过财政投资设立的项目。

1）根据科研组织的管理制度，应明确各类合同中有关知识产权条款的审查原则和归口部门，进行审查并形成记录。经过审查确认的格式合同应包含符合要求的知识产权条款，非格式合同应进行知识产权条款的审查。

2）对于知识产权对外委托业务（检索与分析、预警、申请、设计、诉讼、侵权调查与鉴定、管理咨询等），应签订书面合同，并约定知识产权权属、保密等内容。

3）在进行委托开发或合作开发时，应签订书面合同，并在合同中约定知识产权权属、许可及利益分配、后续改进的权属和使用、发明人的奖励和报酬、保密义务等。

4）采购合同应约定知识产权侵权责任的免责内容，非标采购应注意知识产权权属、后续改进的权属和使用等约定。

5）承担涉及国家重大专项等政府项目时，应理解该项目的知识产权管理规定，并按照要求进行管理。

【符合性检查】

1）查看合同中知识产权条款的审查记录。

2）对于知识产权对外委托业务（检索与分析、预警、申请、诉讼、侵权调查与鉴定、管理咨询等），查看书面合同中关于知识产权权属、保密等内容。

3）查看委托开发或合作开发合同中关于知识产权权属、许可及利益分配、后续改进的权属和使用、发明人的奖励和报酬以及保密义务等内容。

4）根据涉及国家重大专项等政府项目的知识产权管理规定，查看是否按照要求进行知识产权管理。

【案例5-7】

某研究所制定的合同管理办法：

第一章　总　则

……

第四条　技术合同涉及技术秘密的，需在所签技术合同中订立保密条款，或在签订合同的同时与合作方签署单独的保密协议。涉及国家安全或重大利益需要保密的技术，在订立合同时，需先核定密级，后按照国家法律及相关法规的程序办理。

第二章　技术合同的审查与签订

……

第七条　技术合同的审查、签订应遵循以下程序：

……

5. 对涉及专利（申请）权转让、专利实施许可、职务成果转让的技术合同，提交合作与成果处审查。金额低于5千元的合同，合作与成果处审查通过后签订；金额为5千元～10万元之间的合同，分管所长同意后签订；金额大于10万元的合同，所长同意后签订。合作与成果处认为必要时，可在审核中邀请项目负责人、研究组负责人和实验室／中心负责人参加讨论。

……

第八条　出现以下情况者，合同不予盖章：

……

4. 合同可能引起研究所知识产权流失；

5. 合同条款可能对研究所造成经济或其他损失；

……

第三章　技术合同的内容

……

第九条　签订技术合同，应明确下列基本条款：

1. 项目名称；

2．合同主体：其中一方必须是研究所；

3．项目内容、范围、技术要求；

……

7．技术秘密的范围和保密期限；

8．技术成果所有权的界定、归属及分享比例；

……

15．后续技术改进的提供、技术所有权归属的份额、经费来源；

……

第十五条　合同中应当明确，无论何种情况下，研究所对关联科研组织的产品质量问题均不负有连带责任。

……

研究所在承担涉及国家重大专项等政府项目时，按照项目来源方的要求进行项目的知识产权管理。

※ **案例点评**

科研组织在签订合同的时候，必须要明确知识产权的归属和双方的权利、义务，加强审核，以免发生纠纷。

【案例5-8】

某研究所对横向技术合同管理约定如下：横向科研项目必须以研究所名义签订书面合同，约定在合同履行期间，所有成果和包括署名权在内的知识产权归××方所有。其中，实验室成果技术所有权及转让收益甲方占××，乙方占××；乙方没有中试投入的中试技术成果所有权及转让收益，甲方占××，乙方占××；乙方具有中试投入的中试技术成果所有权及转让收益，甲方占××，乙方占××；双方签订的技术合作协议之内的项目合作研究人员所取得的成果申请专利、科研成果按轮流排序方式约定；国家/省部级/地方科技奖励等各项奖励申报单位署名排序乙方为第××位、甲方为第××位。利用双方共同享有的专利和技术成果进行后续研发，后续研发产生新的专利和技术成果全部归××方所有，××方享有优先受让权。

※ 案例点评

该所在横向技术合同中明确规定了知识产权，并约定了共同所有时各方占有所有权或转让收益的比例，约定了合同开展过程中新产生的专利的权属及收益情况，约定了申报科技奖励时各方排名情况，避免了后续合作过程中可能产生的纠纷。

5.5 信息管理

【标准条款】

> **6.4 信息管理**
>
> 加强知识产权信息管理，包括：
>
> a）建立信息收集渠道，及时获取所属领域、产业发展、有关主体的知识产权信息；
>
> b）建立专利信息分析利用机制，对信息进行分类筛选和分析加工，形成产业发展、技术领域、专利布局等有关情报分析报告，并加以有效利用；
>
> c）建立信息披露的知识产权审查机制。

【过程要点】

科研组织应建立收集知识产权信息的渠道，加强信息的采集、加工和利用，并建立信息披露的知识产权审查机制。

广义的知识产权信息是指一切与知识产权相关的信息，如国家的知识产权法律法规、国际国内知识产权动态发展信息、有关知识产权保护的国际公约、国内外知识产权活动信息等，一切公开的涉及知识产权内容的信息。

狭义的知识产权信息一般仅指体现知识产权主体、客体、法律、经济及技术特征的知识产权信息，如专利申请人和专利权人信息、专利技术信息、专利法律信息、专利经济信息、商标权权利人信息、商标状态信息、著作权权利人信息、著作权内容信息和著作权法律信息等。

1）建立信息收集渠道，包括内部信息和外部信息，对信息及时获取维护，包括纸质出版物、网络资源等，可利用各种免费数据库，必要时可以购买商业数据库。

（1）对信息进行分类筛选和分析加工，形成产业发展、技术领域、专利布局等有关情报分析报告，并加以有效利用。可以是内部完成分析加工，也可以是外部服务机构完成。

（2）科研组织必须建立信息披露的知识产权审查机制，明确审批范围、流程和审批权限，并形成审批记录。

2）信息资源利用机制应成为一项常态化的工作。科研组织在日常工作中应加强对专利和非专利文献的检索分析，保障科研活动的有序开展。

【符合性检查】

1）查看信息收集渠道，是否能及时获取所属领域、产业发展、有关主体的知识产权信息。

2）了解科研组织的专利信息分析利用情况，查看产业发展、技术领域、专利布局等有关情报分析报告，是否加以有效利用。

3）了解信息披露的知识产权审查机制，查看审查记录。

【案例 5-9】

某研究所购买 XX 商业专利数据库，同时利用各国／地区的官方免费专利数据库，围绕重大项目领域的关键技术开展专利检索，形成专利分析报告。

（1）跟踪主要竞争对手、预警分析，提出技术专利布局的建议。

（2）结合项目情况，研发、产业化、市场化阶段专利战略及权利要求分析。

（3）提出专利保护策略、产业化方向、市场化运营建议及合作注意事项。

该研究所还创办期刊《××通讯》，定期出版发布，内容涉及交流与合作、专题论坛、创建世界一流研究所、科技政策与信息、研究工作、国外科技信息、投稿论文摘要、研究生学位论文摘要、专利、研究课题建议、研究工作经验、科技文献检索方法与技巧等，为能源领域提供情报信息。

同时，该研究所还制定了《科学传播工作管理办法》，具体条款：对信息宣传加强管理；所有对外发布的信息需要提出申请，获得批准后方可发布。

※ **案例点评**

该研究所对专利信息的开发利用十分重视，专利信息数据库的建设也比较系统和完备，并建立了促进专利信息开发和利用的机构和人员保障体系、控制制度和工作流程保障体系，为研究所专利信息的开发利用奠定了良好的基础。

【案例5-10】

某研究所在研制××项目过程中，项目组收集了目前该技术常用相关工艺技术，并检索了相关的专利及论文，通过阅读相关文献发现，当前国内、外没有该产品一次成型的制造方法，而是通过拼接的方式得到。

进一步分析当前行业的专利及论文发现，国、内外通常采用钎焊或扩散焊的方式进行拼接。但是对于钎焊的方式，由于焊料和反射镜坯之间热膨胀系数相差较大而产生较大的热应力，而扩散焊接压力高，反射镜坯易变形，对复杂构件不能均匀释压。这两种方式都会导致产品精度无法满足使用要求。因此，由于技术方案本身的限制，无法造出满足各种技术需求的产品，在国、内外属于技术空白点及技术难点。为保证该产品的精度，该研究所提出了一种新的技术方案，填补了当前技术的空白点。通过该项目，研究所在该领域中进行了充分的专利布局，申请了6项发明专利，其中5项已获得了授权，成功占领该技术领域。

※ **案例点评**

从该项目研制过程可以看出，该研究所通过在研发前的信息检索，了解了当前领域的产业情况后，再对信息进一步地筛选及加工分析，发现了当前技术中存在的问题，直接放弃了不合理的技术方案，节省了研发时间，降低了研发成本。同时，发现了当前技术的空白点，提出新的技术方案，实现了技术突破后，又迅速地申请了相关专利，占领了当前技术领域。可见，前期的信息收集及加工整理对研究所的研发有很大的启示作用。

5.6 条件保障

【标准条款】

> **10.1 条件保障**
>
> 根据需要配备相关资源，支持知识产权管理体系的运行，包括：
>
> a）软硬件设备，如知识产权管理软件、计算机和网络设施等；
>
> b）办公场所。

【过程要点】

科研组织在开展知识产权活动时应提供必要的条件保障，包括软硬件设置和办公场所。

1）知识产权管理体系需要必备的条件来支持。

（1）重点在于确定、提供并维护相关的软、硬件设备，保障知识产权工作的开展，必要时与9 c）中的涉密设备一起管理。

（2）重点在于确定、提供并维护相关的办公场所，保障知识产权工作的开展，必要时与9 c）中的涉密区域一起管理。

【符合性检查】

1）查看知识产权软、硬件采购和管理台账。

2）了解软、硬件设备（如知识产权软件、数据库、计算机和网络设施等），以及办公场所配备情况。

【案例5-11】

某研究所每年安排固定经费用来购买办公软件，各研究组也根据实际需要购置相关专业软件。每年花费约若干万元经费建立电子资源库，通过限制所外用户访问，保护研究所的电子资源。建立工作内网，在内网中传递工作信息，避免研究所的信息泄露。

※ 案例点评

目前，有很多商业化的知识产权数据库、检索分析及管理软件，为科研组织知识产权工作带来越来越多的便利。有条件的研究所可以采购商业化软件，也可以根据自己的需要自行组织开发相关的软件。

5.7 财务保障

【标准条款】

> **10.2 财务保障**
>
> 设立经常性预算费用，用于：
>
> a）知识产权申请、注册、登记、维持；
>
> b）知识产权检索、分析、评估、运营、诉讼；
>
> c）知识产权管理机构、服务支撑机构运行；
>
> d）知识产权管理信息化；
>
> e）知识产权信息资源；
>
> f）知识产权激励；
>
> g）知识产权培训；
>
> h）其他知识产权工作。

【过程要点】

科研组织应设定知识产权经常性预算费用和科研项目管理的知识产权费用，以满足知识产权日常事务、机构运行等的经费需求。

1）设立知识产权经常性费用预算，结合科研组织实际，覆盖科研组织知识产权活动。

2）知识产权经常性预算费用包括知识产权获取（申请、注册、登记）与维持，专利信息利用（检索、分析），评估，运营，诉讼，培训，管理机构和服务支撑机构日常运行，管理信息化，信息资源以及奖励激励等。

【符合性检查】

1）查看知识产权预算记录，应覆盖可能发生的知识产权获取（申请、注册、登记）与维持，专利信息利用（检索、分析），评估，运营，诉讼，培训，管理机构和服务支撑机构日常运行，管理信息化，信息资源以及奖励激励等事项。

2）查看知识产权支出情况，应与知识产权预算相匹配。

3）查看有关知识产权预算实际执行时业务发生的财务凭证。

【**案例5-12**】

2017年，中科院知识产权费用支出21832.3万元，较上年上升了27%，包括申请阶段费用4113.3万元、年费4033.9万元、人员奖励支出6390万元、知识产权服务费5351.8万元、知识产权采购费1652.7万元、其他费用290.6万元。

※ **案例点评**

科研组织应结合自身财务状况及开展知识产权管理工作的需要，合理安排知识产权管理经费，保障科研组织的知识产权管理活动正常开展。

第6章 知识产权创造过程

知识产权制度是促进技术创新的重要机制之一，但不能独立发挥作用。随着知识经济的发展，知识产权促进创新的作用日趋明显。《国家知识产权战略纲要》实施十年来（2008—2018），我国知识产权事业取得了很大发展，在知识产权创造方面取得了长足进步。我国知识产权事业紧扣创新发展需求，发挥了专利、商标、版权等知识产权的引领作用，打通了知识产权创造的全链条，建立起较为高效的知识产权综合管理体制，构建了便民利民的知识产权公共服务体系，初步探索了支撑创新发展的知识产权运行机制，基本形成权界清晰、分工合理、责权一致、运转较为高效的体制机制。对科研机构来讲，伴随着科研项目的管理全流程，需要从项目分级、开题立项、执行和验收等方面全链条地考虑知识产权的保护与布局。

对科研项目按其来源和重要程度进行分类管理，科研项目按照标准要求实行立项、执行、结题验收全过程管理，重大科研项目配备知识产权专员。知识产权创造过程见表6-1。

表6-1　知识产权创造过程

1 资源／设施	2 过程的拥有者	3 人力资源
计算机及网络、打印机、复印机、档案柜、会议室、公告栏、中科院科研管理信息化平台	研究中心、项目组	协助知识产权管理机构、知识产权服务支撑机构、外部代理所
4 输入	**5 过程及其起点和终点**	**6 输出**
●组织战略方向 ●组织项目管理流程 ●项目指南 ●法律法规 ●所属领域知识产权检索分析报告 ●前期研发基础、研发结果	知识产权创造过程 起点：立项 终点：结题	●科研项目类别记录 ●立项知识产权工作方案／风险评估报告／策略 ●研发活动中的知识产权动态跟踪和监控／成果确认和评估／发布前审查记录 ●研发策略和知识产权策略调整记录 ●专利挖掘与布局建议／运营模式设计 ●知识产权完成情况的分析总结／分析报告／清单／文件归档
7 关键步骤	**8 风险**	**9 绩效指标**
●对科研项目进行分类管理 ●制定知识产权工作方案，分析所属领域知识产权风险，确定知识产权策略 ●跟踪监控知识产权动态，优化研究方向 ●研发成果的及时评估和确认 ●研发记录的保存与归档	●在立项阶段未发现潜在的知识产权风险 ●研究方向与他人重合 ●研发成果已被他人提前进行知识产权保护	●科研项目是否完成立项申报书要求 ●立项阶段是否形成知识产权工作方案及风险评估预案 ●研发活动中是否持续跟踪知识产权动态，研发成果是否及时确认 ●财务配合设置相关财务预算

6.1 分类

【标准内容】

> **7.1 分类**
>
> 　　根据科研项目来源和重要程度等对科研项目进行分类管理；科研项目应实行立项、执行、结题验收全过程知识产权管理，重大科研项目应配备知识产权专员。

【过程要点】

科研项目知识产权全过程管理是运用项目管理与知识产权的理论、方法和技术，将知识产权管理融入科研项目的立项审批、项目实施、项目验收的全过程，是以知识产权的创造、管理、保护和运用为主线，全面涵盖知识产权相关事务的全过程信息化管理。其本质目的是规范科研项目的知识产权管理，实现科研组织的经济效益最大化，即在科研和创新过程中充分发挥知识产权的引导、激励、保障和服务作用，以知识产权促进科技创新和成果转化，提高科技创新活动的效率和效益。

1）科研项目管理部门根据科研项目来源和重要程度等，对科研项目进行分类管理，确定重大项目、一般项目清单。

2）全过程知识产权管理在原则上应覆盖所有科研项目的立项、执行、结题验收等全部过程，但可根据科研项目的具体情况和管理需要进行适应性调整。

3）重大科研项目应配备具有一定专业能力的知识产权专员（可以兼职），知识产权专员负责定期向项目组长报告科研项目的知识产权情况、项目组知识产权事务沟通。

【符合性检查】

1）查看科研项目的分类管理台账或项目清单，询问分类的依据。

2）查看科研项目实行全过程知识产权管理的记录，是否覆盖立项、执行、结题验收等过程。

3）查看重大科研项目配备的知识产权专员名单，查询专员的职责及承担工作的能力情况。

【案例6-1】

某研究所结合研究所发展定位及学科／产业布局，按照项目任务来源对科研项目进行分类，分为重大项目与一般项目，重大项目均配备知识产权专员，对重大项目的立项、执行、结题验收阶段进行知识产权全过程管理。

例如，对于重大科研项目先导A某项目的管理，按照项目任务书中的知识产权要求，制定了知识产权工作方案，主要包括如下三个阶段：

立项阶段：对某技术进行技术分解，并对其进行检索查新，形成检索查新报告；分析该技术领域的知识产权保护状况和主要竞争对手及其知识产权布局情况；在此基础上，与科研人员讨论确立初步的知识产权挖掘和布局建议；同时对科研项目研发方向进行优化，对项目知识产权风险进行评估，提出相应的风险规避策略。

执行阶段：随着技术研发的开展，跟踪所属技术领域的发展动态，了解技术现状和趋势；及时调整知识产权策略，优化科研项目研发方向，适时对科研成果进行知识产权申请和保护，并做好相关记录。

结题验收阶段：分析总结知识产权完成情况，提交科研项目知识产权清单及法律状态，提出该领域知识产权发展规划，并对已形成知识产权成果的关键材料进行归档。

※ 案例点评

科研组织可以根据自身学科特点与管理现状，对科研项目实行分级分类管理，逐步建立科研项目的知识产权全过程管理机制。

6.2　立项

【标准条款】

> 7.2　立项
>
> 立项阶段的知识产权管理包括：
>
> a）确认科研项目委托方的知识产权要求，制定知识产权工作方案，并确保相关人员知悉；
>
> b）分析该科研项目所属领域的发展现状和趋势、知识产权保护状况和竞争态势，进行知识产权风险评估；
>
> c）根据分析结果，优化科研项目研发方向，确定知识产权策略。

【过程要点】

立项是科研项目正式开展前对涉及资金、人员、研究方法、技术路线、预期完成目标等进行设置、论证的第一道程序。在这一阶段，应规定项目的产业领域的分析、知识产权风险评估、知识产权策略制定等方面的知识产权要求。

1）项目批复立项后，项目组应根据科研项目委托方的知识产权要求，制定知识产权工作方案，并确保相关人员知悉，在项目组内部得到有效的传达与沟通。

2）项目组应由知识产权专员及研发人员共同组成，针对该科研项目所属领域的发展现状和趋势、知识产权保护状况和竞争态势等内容开展分析工作，可以与专利导航工作结合；根据分析结果，进行知识产权风险评估，制定有效的风险规避方案，了解侵权风险并采取措施，避免侵犯他人知识产权。

3）项目组根据分析结果，优化科研项目研发方向，确定知识产权布局策略。

【符合性检查】

1）查看项目合同或者任务书以确定科研项目委托方的知识产权要求，查看依据知识产权要求制定的知识产权工作方案。

2）查看该科研项目的分析报告，报告是否包含有关该领域的发展现状和趋势、知识产权保护状况和竞争态势，查看知识产权风险评估结论。

3）查看是否依据分析结果优化科研项目研发方向，并制定知识产权策略。

6.3　执行

【标准条款】

> **7.3　执行**
>
> 执行阶段的知识产权管理包括：
>
> a）搜集和分析与科研项目相关的产业市场情报及知识产权信息等资料，跟踪与监控研发活动中的知识产权动态，适时调整研发策略和知识产权策略，持续优化科研项目研发方向；
>
> b）定期做好研发记录，及时总结和报告研发成果；
>
> c）及时对研发成果进行评估和确认，明确保护方式和权益归属，适时形成知识产权；
>
> d）对研发成果适时进行专利挖掘，形成有效的专利布局；
>
> e）研发成果对外发布前，进行知识产权审查，确保发布的内容、形式和时间符合要求；
>
> f）根据知识产权市场化前景初步确立知识产权运营模式。

【过程要点】

在科研项目的执行阶段，应规定项目研发重点的信息检索、研发成果的专利挖掘、研发过程的跟踪和监控、研发成果的对外发布、初步确立知识产权运营模式等方面的知识产权要求。

专利挖掘，是指在技术研发或产品开发中，对所取得的技术成果从技术和法律层面进行剖析、整理、拆分和筛选，从而确定用以申请专利的技术创新点和技术方案。

1）项目组根据项目的进度节点，结合与科研项目相关的产业市场情报及知识产权信息等资料，跟踪与监控研发活动中的知识产权动态，适时调整研发策略和知识产权策略，持续优化科研项目研发方向。

2）做好研发记录，及时总结和报告研发成果。研发记录是后期持续改进的基础。

3）及时对研发成果进行评估和确认，适时形成知识产权，明确保护方式为专利、商业秘密或技术秘密，根据项目合同或项目任务书确定知识产权的归属等。

4）若确定对研发成果采用申请专利的方式进行保护，应适时进行专利挖掘，形成有效的专利布局。既要考虑对具体技术方案的保护，又要考虑面向核心技术的多类别、多地域、多层级、多用途的知识产权布局，以最终形成高质量专利组合。

5）研发成果对外发布前，进行知识产权审查，确保发布的内容、形式和时间符合科研组织信息披露（条款6.4 c)）的要求。

6）根据知识产权市场化前景初步确立知识产权运营模式，如转让、许可或者无形资产出资等。

【符合性检查】

1）查看搜集与科研项目相关的产业市场情报及知识产权信息等资料以及相关的分析记录。

2）查看研发活动中的知识产权动态跟踪与监控记录，是否适时调整研发策略和知识产权策略，持续优化科研项目研发方向。

3）查看研发记录，对研发成果是否及时总结和报告。

4）查看对研发成果进行评估和确认的记录，是否及时进行知识产权申请。

5）查看对研发成果的专利挖掘记录，是否制定了专利布局方案。

6）查看针对研发成果对外发布前的知识产权审查记录。

7）查看知识产权运营模式方案。

6.4 结题验收

【标准条款】

> **7.4 结题验收**
>
> 结题验收阶段的知识产权管理包括:
>
> a) 分析总结知识产权完成情况,确认科研项目符合委托方要求;
>
> b) 提交科研项目成果的知识产权清单,成果包括但不限于专利、文字作品、图形作品和模型作品、植物新品种、计算机软件、商业秘密、集成电路布图设计等;
>
> c) 整理科研项目知识产权成果并归档;
>
> d) 开展科研项目产出知识产权的分析,提出知识产权维护、开发、运营的方案建议。

【过程要点】

在科研项目的结题验收阶段,应规定项目完成情况、知识产权成果的整理与归档、知识产权运营方案建议等方面的知识产权要求。

本条款所说的知识产权成果包括但不限于专利、文字作品、图形作品和模型作品、植物新品种、计算机软件、商业秘密以及集成电路布图设计等。

1) 根据科研项目委托方要求、项目任务书或立项时的知识产权工作方案,分析总结知识产权完成情况。

2) 将科研项目成果形成知识产权清单,成果包括但不限于专利、文字作品、图形作品和模型作品、植物新品种、计算机软件、商业秘密以及集成电路布图设计等,并提交归档。

3) 针对科研项目产出的知识产权开展分析,并提出知识产权维护、开发、运营的方案建议。

【符合性检查】

1) 查看科研项目的知识产权完成情况,是否符合科研项目委托方要求。

2) 查看科研项目成果的知识产权清单,是否按要求提交归档。

3）查看针对科研项目产出知识产权的分析报告，是否提出了知识产权维护、开发、运营的方案建议。

【案例 6-2】

某研究所于 2017 年承担了中科院科技成果转移转化重点专项（"弘光专项"）项目。

在立项阶段，课题组对涉及的核心技术进行了技术分解、细化，邀请专业机构进行了检索分析，形成了《××专利分析报告》。报告对该领域的专利申请态势、各技术路线对比、专利有效性、各专利权人专利布局进行了系统梳理，对拟实施的工艺路线进行了知识产权风险评估，提出了围绕工艺主线流程完善工艺节点、支线技术，工程化过程中涉及的配套技术、上下游技术延伸等方面开展专利挖掘的建议，对研究所重要专利提出了保护策略建议。

在项目执行过程中，将本领域的技术追踪与学科布局、战略情报相结合，持续进行了全球所有该领域的专利检索和分析，通过项目组会议设计了统筹管理和分级管理制度、建立了专利预警机制，在不同环节挖掘了技术空白点并抢先进行了保护，针对其他国家资源相似性的特点制定了 PCT 专利申请策略。围绕转移转化工作，制定了特定的转移策略，针对状况差异构建了不同的专利池，根据资源持有人的特点确定了不同的合作方式和运营模式。

在项目阶段性验收中，对照阶段任务目标（申请发明专利 3~5 项、发表论文 2~3 篇、培养硕士研究生 2~3 名）对项目知识产权完成情况进行了总结，形成专利申请目录（包括中国发明专利申请 5 件）和论文发表目录（中文核心期刊收录论文 3 篇）。基于上述项目成果和项目开展过程中积累的经验，研究所知识产权专员联合专业服务机构对上述内容进行了综合分析，提出了 A 知识产权方案、B 知识产权方案。项目验收后，对项目所形成的科研成果包括知识产权成果进行了分类归档，以便后期查阅。

※ 案例点评

该所科研项目立项时通过专业的专利分析报告，对所述领域现状和发展趋势进行分析，梳理了专利申请态势、各技术路线对比、专利有效性、各专利权人专利布局，对拟实施的工艺路线进行了知识产权风险评估。根据结果优化研发方向，提出了相适应的保护策略。从立项阶段通过知识产权管理降低研发风险，充分了解竞争对手的知识产权布局，制定优化策略。

在项目执行阶段持续进行了全球专利检索和分析，通过项目组会议及时总结成果，建立相关专利预警机制，挖掘相关技术空白点并抢先进行了知识产权申请，制定 PCT 专利申请策略，确立适合的知识产权运营模式，为项目市场化做了充分的准备。

在项目结题验收的知识产权管理工作中，通过项目组会议，对照阶段任务目标总结该项目的知识产权完成情况，分别申请发明专利和发表相关论文。通过对上述成果的分析，提出了不同的知识产权方案。通过分类归档，便于后期运用知识产权时查阅。

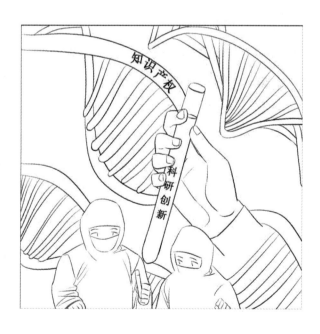

第7章　知识产权保护过程

知识产权保护已成为国际经济秩序的战略制高点，并成为各国激烈竞争的焦点之一。面对经济全球化和国际知识产权保护发展的新形势，尤其是中国加入世贸组织后，将实现中国经济与世界经济一体化，中国知识产权工作面临着巨大的压力和挑战。切实加强知识产权保护工作，通过有效地保护知识产权，使国家在知识资源上形成比较优势，从而促进整个国家经济的发展和科技的进步。要提高全民族的知识产权保护意识，特别是要提高科研组织的知识产权保护意识，要纠正那种只注重科技成果的鉴定、发表论文、申请评奖，而轻视申请专利、寻求法律保护的做法，把科技人员的思想观念转变到市场经济的轨道上来，按照市场经济规律办事，减少无形资产的流失。

为了防止自身知识产权被侵权和知识产权流失，知识产权管理机构需要制定科研组织知识产权管理办法，制定科研组织知识产权的保密办法，建立知识产权纠纷应对机制，制定风险规避方案。

知识产权保护过程见表7-1。

表 7-1 知识产权保护过程

1 资源/设施	2 过程的拥有者	3 人力资源
计算机及网络、打印机、中科院科研管理信息化平台	知识产权管理机构	协助各部门、外部代理机构
4 输入	5 过程及其起点和终点	6 输出
• 组织业务流程 • 组织现有人力、设备、财力、环境等资源 • 组织规章制度 • 组织知识产权现状 • 组织知识产权管理办法 • 组织的保密办法	知识产权保护过程 起点：获取 终点：利用	• 组织知识产权台账 • 组织知识产权档案 • 合同或联盟、组织中关于知识产权条款的约定 • 知识产权纠纷应对方案 • 知识产权风险的监控及规避方案
7 关键步骤	8 风险	9 绩效指标
• 知识产权属的确定 • 信息的保密管理 • 知识产权风险规避及纠纷处理机制	• 发生潜在的侵犯知识产权情况	• 台账是否完整、清晰 • 档案管理是否符合内部要求 • 是否建立知识产权纠纷应对方案 • 是否建立知识产权风险的监控及规避方案

【标准条款】

> 9.知识产权保护
>
> 应做好知识产权保护工作，防止被侵权和知识产权流失：
>
> a）规范科研组织的名称、标志、徽章、域名及服务标记的使用，需要商标保护的及时申请注册；
>
> b）规范著作权的使用和管理，建立在核心期刊上发表学术论文的统计工作机制，明确员工和学生在发表论文时标注主要参考文献、利用国家重大科研基础设施和大型科研仪器情况的要求；
>
> c）加强未披露的信息专有权的保密管理，规定涉密信息的保密等级、期限和传递、保存及销毁的要求，明确涉密人员、设备、区域；
>
> d）明确职务发明创造、委托开发、合作开发以及参与知识产权联盟、协同创新组织等情况下的知识产权归属、许可及利益分配、后续改进的权属等事项；
>
> e）建立知识产权纠纷应对机制，制定有效的风险规避方案：及时发现和监控知识产权风险，避免侵犯他人知识产权；及时跟踪和调查相关知识产权被侵权的情况，适时通过行政和司法途径主动维权，有效保护自身知识产权。

【过程要点】

科研组织应防止被侵权和知识产权流失，同时也要防止侵犯别人的知识产权，并提供应对知识产权纠纷的途径。

未披露的信息专有权，来源于TRIPs协议，在本标准中主要指"商业秘密"或"技术秘密"。

明确各条款的归口管理部门，按照科研组织的相关规定完成：

1）规范科研组织的名称、标志、徽章、域名及服务标记的使用，结合注册商标和著作权进行保护。

2）规范著作权的使用和管理，建立在核心期刊上发表学术论文的统计工作机制，明确员工和学生在发表论文时标注主要参考文献、利用国家重大科研基础设施和大型科研仪器情况的要求。

3）加强未披露的信息专有权的保密管理，由项目组申报，管理部门备案，形成未披露信息清单并定期更新，规定涉密信息的保密等级、期限和传递、保存及销毁的要求，明确涉密人员、设备及区域。

4）明确职务发明创造、委托开发、合作开发以及参与知识产权联盟、协同创新组织等情况下的知识产权归属、许可及利益分配、后续改进的权属等事项，建议结合科研组织的四技合同管理［见《科研组织知识产权管理规范》6.3c）］内容。

5）建立知识产权纠纷应对机制，制定有效的风险规避方案；及时发现和监控知识产权风险，避免侵犯他人的知识产权；及时跟踪和调查相关知识产权被侵权的情况，适时通过行政和司法途径主动维权，有效保护自身知识产权，建议结合科研项目执行中的知识产权风险评估［见《科研组织知识产权管理规范》7.2b）］内容。

【符合性检查】

1）了解科研组织的名称、标志、徽章、域名及服务标记的使用情况是否规范；查看商标台账，对商标的保护是否及时。

2）查看在核心期刊上发表学术论文的统计工作机制，查看员工和学生在核心期刊上发表论文是否标注了主要参考文献、利用国家重大科研基础设施和大型科研仪器情况。

3）查看保密台账，是否明确了涉密人员、设备、区域和信息；查看未披露的信息专有权的保密管理台账，是否规定了涉密信息的保密等级、期限和传递、保存及销毁的要求。

4）查看在职务发明创造、委托开发、合作开发以及参与知识产权联盟、协同创新组织等情况下，有关合同中是否明确知识产权归属、许可及利益分配、后续改进的权属等事项。

5）查看知识产权纠纷应对机制，以及相关的风险规避方案。

6）查看知识产权风险监控机制和记录，关注避免侵犯他人的知识产权和防止相关知识产权被侵权的情况。

【案例 7-1】

某研究所在筹建之初，即根据《事业单位登记管理暂行条例》《事业单位登记管理暂行条例实施细则》的规定，向事业单位登记管理机关申请登记和备案，并申请注册了"ac.cn"的科研机构域名。

该研究所成立初期一直沿用中科院的标志，但随着研究所的不断发展壮大，为了更能体现本所的专业特色、多学科交叉应用结合的特点，遂设计启用了全新的设计标志，并及时申请注册了商标进行保护。

2016 年，某科研组织假冒该研究所的名称、仿冒其标志对某系列产品进行广告宣传，而该科研组织与该研究所实际上并无相关产品的合作开发关系。该研究所综合办公室在获取相关信息后，第一时间委托律师事务所积极搜集证据，要求该科研组织停止假冒侵权行为。由于该研究所的标志已经及时申请了商标注册，归属权清晰，该科研组织的行为存在明显的违法获利意图，因此在面临诉讼可能时，该科研组织立即停止并撤回了相关产品的假冒宣传，积极与该研究所进行协商和解，并在公开媒体上进行了道歉。

※ 案例点评

研究所作为科研机构，大多在人民群众心中具有一定的信誉和学术威望，因此社会上冒充各研究所进行宣传、包装，以期获得不法利益的行为屡见不鲜。通过对研究所名称、标志、域名等的规范使用，并及时申请注册进行商标保护，可以有效避免上述侵权行为发生时的应对不力，保护研究所的声誉，避免人民群众的利益受到不法侵害。

【案例 7-2】

某研究所设置有科技处—研究部—课题组的三级论文统计管理制度，对于各课题组的员工或学生发表的学术论文，先由其所归属课题组的指定人员进行统计，上报至研究部秘书，研究部秘书每年将统计结果进一步汇总至科技处。科技处针对研究所产出的学术论文统一建立了数据库，所内人员可以在数据库中检索和查阅研究所历年发表的学术论文。

研究所研究生部每年还会针对新招收研究生进行学术论文撰写规范培训，讲解《中华人民共和国著作权法》《中华人民共和国著作权法实施条例》的相关规定，加强树立研究生准确恰当地引用和标注参考文献是对文献作者著作权的尊重以及抄袭或者剽窃属于侵权行为的思想意识。同时，明确研究所员工以及学生引用参考文献的守则：（1）在用到他人的成果时或者在与他人的研究作比较时，必须对行文中涉及他人成果的语句、段落、公式、数据、图表等予以准确标注，并在文后列出相应的参考文献；（2）处理好本文与他人研究之间的关系，以明确本文的独到或创新之处；（3）尽可能引用与本文研究密切相关且已经公开发表的参考文献；（4）尽可能引用上述文献中最新、最具权威性和最有国际影响的参考文献；（5）按照拟投送期刊的征稿要求，参照相应的国际标准或国家标准，标注清楚所引用的参考文献。

※ 案例点评

学术论文是研究所等科研机构对外展示科研实力的重要途径，同时学术论文的质量也与科研机构的学术声誉密切相关，做好科研单位的学术论文统计管理工作，规范学术论文发表时参考文献的引用，可以避免发表的论文侵犯他人或其他单位的著作权，以免科研机构的学术声誉遭受不必要的侵害，提升科研机构在业界的影响力。

【案例7-3】

某研究所《信息公开工作实施细则》（以下简称《细则》）的制定依照《中华人民共和国政府信息公开条例》等党和国家相关法规、文件以及《中国科学院信息公开工作管理办法》，将研究所信息分为主动公开、依申请公开和不予公开三种类型。

不予公开信息有：（一）涉及国家秘密的；（二）涉及科研秘密、工作秘密和个人隐私的；（三）正在调查、讨论、审议、处理过程中的信息；（四）法律、行政法规规定不得公开的其他信息。其中，根据信息的重要程度将不予公开的信息划分为高、中、低三个保密等级，并分别规定了相应的保密期限。涉密人员上岗前需要经过研究所保密办公室的保密教育培训，掌握保密知识技能，签订保密承诺书，并对涉密人员的保密义务、出境审批进行规定。

针对依申请公开信息，《细则》还进一步规定：对申请人申请公开与本人生产、生活、科研等特殊需要无关的信息，可以不予提供；所申请信息属于不予公开范围的，不予提供。

研究所技术转移中心和保密办公室还依据《细则》共同制定了所内知识产权审批的保密审查流程，在知识产权申请前统一由保密办公室进行保密审查，对于涉密知识产权统一由保密办公室委托具有相应资质的代理机构进行处理。

※ 案例点评

研究所经常承担国家政府及各级部门的重大研究任务，其中会牵涉到许多涉密信息、涉密人员、设备、场所等。针对研究所这类科研单位的保密工作，成立保密管理部门并提前制定涉密信息的处理规范及细则，加强涉密人员的保密教育培训，妥善处理涉密信息，可以有效避免涉密信息的违规披露，保障研究所信息公开工作的平稳、有序。

【案例7-4】

某研究所在2016年与某科研组织签订了一项基于5件专利/专利申请许可的项目合作协议。该协议涉及前期的专利许可费用以及后续基于该项目的委托、合作开发的支持经费。

根据该研究所制定的《知识产权管理办法》和《科技成果转移转化实施及奖励办法》规定：该5件专利/专利申请为研究人员的职务发明，其知识产权归研究所所有，而针对许可费用，则按照净收益的××奖励科技成果完成人，不超过××奖励为转移转化做出重要贡献的人员，其余部分按研究所××、研究部××、课题组××的方式分配。

针对后续的委托、合作开发，合作协议约定：双方均有权对协议标的技术成果进行改进和发展，其后续改进和发展的成果属于相应一方。

※ **案例点评**

研究所对内制定知识产权管理、奖励的相关规范，可以避免职务发明创造成果的流失。对于委托开发、合作开发或其他联盟创新等组织情况下产生的知识产权，通过合同条款提前约定知识产权归属，避免后续可能产生的纷争；同时，通过许诺合作方在知识产权使用、受让等方面的优惠条件，能够平衡合作双方的利益。

【案例 7-5】

某研究所与某省级产业研究院合作成立了一个面向产业化的专业研究所（以下简称"专业所"），该专业所基于横向合作等进行产业公司的孵化。专业所孵化的公司需要面向市场进行竞争，并由研究所技术转移中心提供知识产权风险防范与纠纷应对等方面的顾问支持。

针对知识产权风险防范工作，在产品开发过程和采购环节两方面进行管控，在产品开发过程中明确各个开发阶段相关研究人员在知识产权方面的工作职责，并由技术转移中心的专利工程师参与各阶段的专利风险排查；在采购环节要求与供应商签订相关知识产权保证协议，并约定因零部件造成产品专利侵权时供应商需要承担的赔偿责任，并在必要时要求供应商提供技术自由实施（FTO）尽职调查。同时，充分利用专利信息分析为产品开发创新加油，建立专业所内部专利数据库，对重点产品及竞争对手的专利信息进行研究和分析，针对竞争对手的最新专利进行研究和讨论，结合竞争对手的专利信息和已经/可能即将推出的竞品，评估其侵犯我方知识产权的可能性，并及时采取应对策略。

针对知识产权纠纷，一方面由研究所技术转移中心或外聘第三方服务机构/律所进行侵权风险评估，并将得出的专利风险与应对策略共享给孵化公司的开发及业务推广部门，以对是否继续生产或销售相关产品做出决策；另一方面评估侵犯的知识产权的权利稳定性，并视情况通过谈判、无效诉讼等手段，尽量降低知识产权纠纷可能造成的不良影响。

※ **案例点评**

研究所在直接面向市场化竞争时，专业的知识产权支持团队对外可以运用知识产权保护自身利益不受侵犯，对内可以在产生知识产权纠纷时最大限度地减小损失；同时研发人员也可以和知识产权支持团队联合建立协作机制，在法律和技术的维度彼此弥补，共同分担完善本单位知识产权保护工作。

第8章　知识产权运用过程

在知识产权运用前需要对知识产权评估与分级管理，按照要求建立知识产权价值评估体系和知识产权分级管理机制，规定知识产权权属放弃程序，建立科研项目的知识产权处理程序，制定科研项目技术转化办法。知识产权实施和运营、知识产权许可和转让、知识产权作价投资需要满足要求，制定科研组织技术转化办法，建立知识产权实施和运营控制流程，监控知识产权流程。

知识产权运用过程见表8-1。

8.1　评估与分级管理

【标准条款】

> **8.1　评估与分级管理**
>
> 评估与分级管理中应满足以下要求：
>
> a）构建知识产权价值评估体系和分级管理机制，建立知识产权权属放弃程序；
>
> b）建立国家科研项目知识产权处置流程，使其符合国家相关法律法规的要求；
>
> c）组成评估专家组，定期从法律、技术、市场维度对知识产权进行价值评估和分级；

表 8-1　知识产权运用过程

1 资源/设施	2 过程的拥有者	3 人力资源
计算机及网络、打印机、档案柜、会议室、公告栏、中科院科研管理信息化平台	知识产权管理机构	协助各部门

4 输入	5 过程及其起点和终点	6 输出
● 组织战略方向 ● 组织内部、外部宗旨 ● 科研组织发展方向技术调研 ● 相关技术的发展趋势 ● 国家关于科研组织知识产权的规定 ● 《科研组织知识产权管理规范》要求 ● 知识产权管理体系的要求 ● 科研组织管理的要求 ● 过程控制的要求 ● 知识产权诉讼相关法律法规 ● 市场调研报告 ● 国有资产转移、转化办法 ● 组织现有的知识产权信息	知识产权运用过程 起点：评估 终点：运用	● 对知识产权价值评估记录 ● 对科研项目知识产权处置流程、放弃记录 ● 知识产权转化记录、知识产权激励记录/控制记录 ● 知识产权实施和运营策略与规划/控制记录 ● 许可和转让前知识产权尽职调查、合同及流程记录 ● 作价投资的技术需求方以及合作方调查、书面合同 ● 第三方知识产权价值评估报告

7 关键步骤	8 风险	9 绩效指标
● 评估与分级管理 ● 实施与运营规划 ● 许可和转让的流程和风险 ● 知识产权评估	● 知识产权未能有效管理和利用 ● 产生知识产权纠纷和争议 ● 知识产权不能得到充分利用	● 是否对知识产权进行价值评估并形成记录 ● 是否形成知识产权处置记录 ● 是否形成知识产权运用的记录 ● 知识产权运用前的调查及合同签订是否符合要求

d）对于有产业化前景的知识产权，建立转化策略，适时启动转化程序，需要二次开发的，应保护二次开发的技术成果，适时形成知识产权；

e）评估知识产权转移转化过程中的风险，综合考虑投资主体、共同权利人的利益；

f）建立知识产权转化后发明人、知识产权管理和转化人员的激励方案；

g）科研组织在对科研项目知识产权进行后续管理时，可邀请项目组选派代表参与。

【过程要点】

知识产权价值评估是对其分级的先决条件。此处的价值评估并非资产评估领域的具体绝对价格的评估，而是对知识产权相对价值度的评估。

在知识产权评估与分级中应规定评估体系、分级管理机制、知识产权处置流程、评估过程中应考虑的因素和风险、知识产权产业化前景分析等方面内容，特别是针对科研组织的特殊性，提出加强二次开发的技术成果的保护以及知识产权转化的激励方案。

1）根据科研组织的学科特点，构建知识产权价值评估体系，或利用现有的价值评估方法和工具，对知识产权进行价值评估；结合价值评估，构建知识产权分级管理机制。

2）建立知识产权权属放弃程序。国家科研项目产生的知识产权的处置需符合国家相关法律法规的要求。

3）可以借助专利价值评估软件对现有专利进行评估与分级，也可以根据需要组成评估专家组（专家应包括法律、技术和市场等方面的，内部外部专家均可），从法律、技术、市场维度对知识产权进行价值评估和分级。

4）对于有产业化前景的知识产权，建立成果转化或者技术转移的策略，适时启动成果转化或者技术转移的程序。

5）需要二次开发的，应充分保护二次开发的技术成果，适时形成新的知识产权。

6）评估知识产权转移转化过程中的风险，需要综合考虑投资主体、共同权利人的利益。

7）针对知识产权转化后发明人、知识产权管理和转化人员，建立知识产权运营的激励方案，在一定范围内公示；认定清楚知识产权运营的贡献主体，按劳分配，合理激励，符合《中华人民共和国促进科技成果转化法》等法律法规的有关规定。

8）科研组织在对科研项目知识产权进行后续管理时，可邀请项目组选派代表参与。

【符合性检查】

1）了解科研组织的知识产权价值评估体系、知识产权分级管理机制。

2）查看知识产权权属放弃程序及记录。

3）查看科研项目知识产权处置流程及相应记录。

4）查看评估专家组对知识产权进行价值评估和分级的记录。

5）查看有产业化前景的知识产权的转化策略。

6）查看二次开发的技术项目的技术成果保护，以及形成的知识产权的相关记录。

7）查看知识产权转移转化过程中的风险评估。

8）查看知识产权转化后对发明人、知识产权管理和转化人员的激励方案及相关记录。

9）科研组织在对科研项目知识产权进行后续管理时，可以邀请项目组选派代表参与。

【案例 8-1】

某研究所建立了专利价值度指标体系，从法律、技术、经济三个层面对专利进行定性与定量分析，产生相应的法律价值度、技术价值度和经济价值度。

依据现有评估结果中专利价值度的绝对分值及分值分布状况，研究所在专利价值度分值的百分制评价和研究所内部专利实际现状两个维度平衡分类分级的标准，并将所内专利按评分分为 A、B、C 三个等级，制定了针对 A、

B、C 三级专利的处置方案如下：

对于 A 级专利：①长期持有，或授权后至少维持 5~10 年；②集中资源，主动寻找潜在的合作对象，且仅在条件极为优厚时才考虑许可转让；③定期进行专利价值度的重新评估，避免部分"已贬值"专利占用过多维持资源，实现 A 级专利的动态管理。

对于 B 级专利：①授权后至少维持 3~5 年；②作为优质专利转移转化。

对于 C 级专利：①授权后维持 3 年以内；②酌情转移处理；③对于维持年限超过 4 年的 C 级专利进行专利权放弃前的评估确认，并酌情放弃专利权。

在知识产权评估与分级管理工作中，对专利进行价值评估，实行分级管理。对拟放弃的专利，严格履行审核流程：课题组递交放弃维护申请书—知识产权管理部门初审—向该所外围平台发布、筛选—提交所长办公会通过—上级机关备案。

【案例 8-2】

某研究所根据《中华人民共和国促进科技成果转化法》要求制定了《对外投资及收益管理办法》，按规定进行知识产权处置。办法规定："……以我所无形资产形成的股权，按如下规定实施奖励：我所以无形资产投资新设公司形成的股权，其中××股权给科研团队，另外的××由我所持有。我所持有的股权的净收入的××奖励给科研团队，××奖励给做出贡献的转移转化管理人员。奖励的实施应按照国家有关规定进行……"

【案例 8-3】

某研究所先后承担了国家知识产权局开设的"基于专利价值指标体系的专利分类分级管理""专利价值分析与科研考评机制结合研究"的知识产权研究项目。在项目开展期间，该研究所建立了基于法律价值、技术价值和经济价值三个维度的专利价值评估标准，依据该评估标准对所内的存量专利进行评估，并依据评估结果将所内专利分成了 A、B、C 三个等级；流程方面，该研究所募集了由各事务所资深专利代理人、专利律师及科研组织、研究所专利工程师组成的法律专家组，科研组织合作伙伴、投融资机构、行业研究员等组成的技术和经济专家组，保证评估结果的准确性和权威性。

根据评估结果，该研究所确立了 A 级专利长期持有、集中资源进行开发合作且仅在条件极为优厚时才考虑许可转让的处置方案，将知识产权利益最大化；针对 B 级专利中具有产业化前景的部分，积极通过许可、转让、作价入股等多种方式进行转化；针对评分较低的 C 级专利，则确立了短期维护（3 年内）、优先转移处理、定期确认放弃的处置原则。其中，针对国家科研项目产生的知识产权，则需要在放弃之前经过相关课题组（代表）、课题组所属研究部、研究所技术转移中心三方联合评估，确保被放弃知识产权"价值耗尽"且不会对国家及社会生产经营造成影响。

在知识产权转移转化过程中，需要由研究所技术转移中心评估转化过程中可能存在的风险，对于有共同权利人的，整体依照知识产权申请时"共同申请协议"的约定进行共同权利人的利益分配，如有特殊情况，则按照实际情况进行协商，保障投资主体、共同权利人的利益。

针对知识产权转移转化所取得的收益，该研究所制定了《科技成果转移转化实施及奖励办法》，其中明确规定：以转让、许可他人实施方式获得收益的，净收益的 ×× 奖励科技成果完成人，不超过 ×× 奖励为转移转化做出重要贡献的人员，其余部分按研究所 ××、研究部 ××、课题组 ×× 的方式分配。

※ 案例点评

通过建立专利价值评估体系和分级管理机制，可以优化知识产权管理制度，合理降低知识产权管理成本，提高知识产权转移转化资源的利用效率。同时，通过《科技成果转移转化实施及奖励办法》制度的建立，可以使科研人员有动力、有目标地参与到知识产权的申请、保护和转化的全流程，提高科研人员知识产权工作配合的积极性，并在知识产权规范管理和产出质量上形成良性的循环促进。

8.2 实施和运营

【标准条款】

> 8.2 实施和运营
>
> 实施和运营过程中应满足以下要求：
>
> a）制定知识产权实施和运营策略与规划；
>
> b）建立知识产权实施和运营控制流程；
>
> c）明确权利人、发明人和运营主体间的收益关系。

【过程要点】

知识产权保护和管理的主要目的是要开展实施和运营。

知识产权实施，是指知识产权作为资产，通过运营实现其商业价值的各种行为，包括利用自身知识产权开展的知识产权经营活动和利用他人知识产权开展的知识产权运营活动，这些运营活动以直接产生经济效益为目的。

知识产权运营，是指市场经济中的各类主体，基于知识产权制度和其他相关法律法规、政策，利用经济规律和市场机制对专利商标等知识产权、专有技术等进行的研发、生产、商业、法律及其他形式的谋求自身利益的行为。

1）在实施和运营之前，需要制定知识产权实施和运营策略与规划。

2）在实施和运营的过程中，需要建立知识产权实施和运营控制流程并形成相应的记录。

3）在实施和运营时，最重要的是明确权利人、发明人和运营主体间的收益关系。

【符合性检查】

1）查看科研组织的知识产权实施和运营策略与规划。

2）查看科研组织知识产权实施和运营控制流程。

3）查看实施运营合同中科研组织关于权利人、发明人和运营主体间的收益关系，结合标准条款 8.1f）的内容。

【案例 8-4】

某研究所综合考虑专利技术的产业化潜力、技术二次开发的潜力、尚未转化技术的专利剩余年限等。产业策划部审核研究单元的维护意见及原因进行综合分析，形成部门意见报主管所领导核准。产业策划部经常组织部门成员参与研究单元的项目讨论会议，对于所长基金等拟培育项目的评审还会邀请投资专家共同参与，通过会议交流、文献调研、实地产业调研等方式对拟转化项目形成项目推介材料和商业计划书等文字材料，对于知识产权申请方案和适宜时机形成初步的判断。成果转化获得收益后，××的股权用于团队激励，一般在洽谈合作协议的同时已经形成分配方案。对于项目结余费用，最多可以 ×× 用于个人奖励，采取结题后一事一议的方式，由研究单元提出分配名单和比例，产业策划部审核后报所务会审批。

依据《中华人民共和国促进科技成果转化法》，对研究所《知识产权管理办法》《科技成果转化及奖励管理办法》进行了修订，明确发明人的权益，激励发明进行成果转化等。在实施和运营过程中，建立了知识产权运营流程，要求相关人员提供技术背景资料，做知识产权尽职调查，确保相关知识产权的有效性。2017 年共进行专利入股评估 23 件，评估值近 1.2 亿元，新成立或注资的公司 13 家。

※ 案例点评

从本案例可以看出，向其他公司出售知识产权资本，以知识产权入股的方式参与合资合作也是知识产权运用的方式之一，运用知识产权投资入股是科研组织常用的知识产权运营方式和手段，该研究所的做法值得学习和借鉴。

8.3　许可和转让

【标准条款】

> **8.3　许可和转让**
>
> 许可和转让过程中应满足以下要求：
>
> a）许可和转让前进行知识产权尽职调查，确保相关知识产权的有效性；
>
> b）知识产权许可和转让应签订书面合同，明确双方的权利和义务，其中许可合同应当明确规定许可方式、范围、期限等；
>
> c）监控许可和转让流程，预防与控制许可和转让风险，包括合同的签署、备案、执行、变更、中止与终止，以及知识产权权属的变更等。

【过程要点】

许可和转让是目前知识产权运营的主要方式之一。

知识产权许可，是指许可方将所涉知识产权授予被许可方按照约定使用的活动，分为独占许可、排他许可、普通许可三类。

独占许可，是指在约定的时间和地域内，只允许被许可方实施该专利，其他任何人不得使用其专利技术。在这种情形下，专利权人在此时间和地域内亦丧失专利技术的使用权。

排他许可，是指在约定的时间和地域内，只有专利权人和被许可方有权实施该专利，其他任何人无权使用该专利。

普通许可，也叫一般许可、非独占许可，是指除了专利权人与被许可方有权实施专利技术外，专利权人还可以许可第三人实施其专利。

知识产权转让，是指知识产权出让主体与知识产权受让主体，根据与知识产权转让有关的法律法规和双方签订的转让合同，将知识产权权利享有者由出让方转移给受让方的法律行为。

1）在许可和转让前，应进行知识产权尽职调查，包括知识产权的有效性、历史成本、出资价格、发明人奖酬、在先技术合同中的知识产权约定等，确保相关知识产权的有效性和没有纠纷。

2）知识产权许可或转让应签订书面合同，明确双方的权利和义务，其中许可合同应当明确规定许可方式、范围、期限等。

3）知识产权管理部门应监控许可和转让流程，预防与控制许可和转让风险，包括合同的签署、备案、执行、变更、中止与终止，以及知识产权权属的变更等。

【符合性检查】

1）查看许可和转让前的知识产权尽职调查记录，确保相关知识产权的有效性。

2）查看知识产权许可和转让合同，合同中应明确双方的权利和义务。其中，许可合同应明确规定许可方式、范围、期限等。

3）查看许可和转让流程的监控记录。

【案例 8-5】

A 研究所的某研发中心，在 2008—2010 年期间，获得了科技部某项目经费 500 万元，取得 ×× 技术相关产品的发明专利权 5 项，目前该 5 项发明专利授权有效，科研成果通过成果鉴定和成果登记。2016 年国内 B 科研组织希望 A 研究所转让或许可使用其中的 2 项发明专利生产相关产品，通过谈判，B 科研组织以 500 万元获得其中 1 项专利的专利权，以 100 万元加 5% 的销售额提成获得 1 项发明专利的 5 年普通许可使用的权利（5 年内 B 科研组织每年该项产品的销售额为 1000 万元左右）。

※ 案例点评

知识产权许可使用是实现知识产权价值的重要途径，能够为专利拥有人带来可观的收益。科研院所应树立知识产权就是财富的理念，注重对知识产权的价值化运营。在本案例中，该研究所通过知识产权许可直接创造了经济效益。

【案例 8-6】

某研究所针对某技术，于 2003 年申请了发明专利。该专利于 2006 年获得授权，受制于市场因素该专利一直未能得到有效应用。2015 年，相关产品市场行情大涨，资本市场活跃，研究所抓住机会，聘请专业机构对专利权利的稳定性进行了分析，聘请专业律师和科研团队一起谈判，于 2016 年分别与两家公司签订了普通许可协议，限定两家公司在某地区使用相关产品，并获得专利许可费用共计 4000 万元。合同签订完成后，根据研究所相关规定，科技处及时到相关机构进行了登记和备案。按照该研究所《促进科技成果转化实施办法》，发明人团队共获得了××万元的现金奖励。其余××万元留归所有，课题组长根据发明人贡献和成果转化贡献，将其"额度"进行分配。

※ 案例点评

该所通过专利许可方式实现了专利技术的推广并取得了巨大的收益，在等待市场行情的同时做到了合理的知识产权维护，通过签订普通许可协议前对相关知识产权稳定性的分析，大大降低了技术成果转移转化过程中的知识产权风险。该所制定的《促进科技成果转化实施办法》有利于激发发明人团队的研发热情，促进了研究所科技成果的转化实施。

8.4　作价投资

【标准条款】

> **8.4　作价投资**
>
> 作价投资过程中应满足以下要求：
>
> a）调查技术需求方以及合作方的经济实力、管理水平、所处行业、生产能力、技术能力、营销能力等；
>
> b）根据需要选择有资质的第三方进行知识产权价值评估；
>
> c）签订书面合同，明确受益方式和比例。

【过程要点】

知识产权作价投资是指知识产权所有人将能够依法转让的知识产权专有权或者使用权作价，投入标的公司以获得股东资格的一种出资方式，也是目前知识产权运营的主要方式之一。

1）明确投资合作意向后，要对技术需求方以及合作方开展尽职调查，调查内容包括其经济实力、管理水平、所处行业、生产能力、技术能力、营销能力等。

2）根据需要选择有资质的第三方进行知识产权价值评估，此处应为具体价格评估。

3）签订书面合同，明确受益方式和比例。

【符合性检查】

1）查看针对技术需求方以及合作方的尽职调查记录，其中应包括其经济实力、管理水平、所处行业、生产能力、技术能力、营销能力等。

2）查看知识产权价值评估报告。

3）查看无形资产出资合同，合同中应明确受益方式和比例。

【案例8-7】

某研究所在对外投资过程中，要求项目团队提交商业计划书，其中应包括项目创业团队、核心技术所处领域的国际国内发展状况及自身技术核心竞争力、项目的产业化前景及设立公司的必要性、公司组建方案（包括股权设计方案及合作方介绍）、近期经营思路以及远景规划、公司组织架构及运行机制、主要经济效益指标分析和风险预测等；按项目类别组织进行投资项目论证；与合作各方签订对外投资协议，并以投资方出资协议书形式约定对外投资的形态、金额以及退出条件；按照上级主管部门及国家规定，履行投资程序和定价，由××部门负责实施资产评估的组织工作、资产评估项目备案工作。

※ 案例点评

该所在对外作价投资过程中，对项目的知识产权进行尽职调查，对项目竞争力、产业化前景风险评估以及合作方的相关情况进行调研，组织项目论证并进行评估，采用书面协议《对外投资产业化协议》约定，建立规范且适合本单位实际情况的对外投资制度。

第9章 体系持续改进过程

9.1 检查监督

【标准条款】

> **11.1 检查监督**
>
> 定期开展检查监督，根据监督检查的结果，对照知识产权方针、目标，制定和落实改进措施，确保知识产权管理体系的适宜性和有效性。

【过程要点】

科研组织应定期对知识产权管理体系进行检查监督，检查监督的形式可以包括内部审核、例行检查等，应该覆盖管理体系的所有部门、所有过程和所有条款。检查监督的形式和频率应该在知识产权手册中明确。根据检查监督的结果，制定改进措施并落实，确保体系的适宜性和有效性。

1）科研组织应定期开展检查监督，按照策划的时间间隔进行。

2）一般至少每年对知识产权管理体系进行一次检查监督。

3）开展检查监督的依据是《科研组织知识产权管理规范》，相关法律法规，科研组织的知识产权手册、制度等。

4）针对不符合标准要求的事项，与受审核部门确认，制定和落实改进措施并后期验证。

5）检查监督的目的是对知识产权管理体系的适宜性和有效性进行评价。

6）检查监督可采取内部审核的形式开展，检查监督应覆盖所有的体系范围。

7）检查监督记录应完整、清楚。

【符合性检查】

1）检查监督计划。是否根据规定的时间间隔编制计划，计划是否覆盖体系所有部门、场所和过程。

2）检查监督是否形成记录，记录是否完整。

3）检查改进措施。对检查监督中发现的不符合事项是否提出改进措施，改进措施的有效性是否验证。

【案例9-1】

某研究所制定了《知识产权管理体系内部审核控制程序》，按照要求每年至少进行一次知识产权管理体系内部审核，知识产权专员与内审员联合检查，结合知识产权方针和目标、年度知识产权工作计划等对管理体系的适宜性和有效性进行评审。

该所于2018年××月××日组织了内部审核，评审前编制了审核计划，明确参加人员、时间、地点和审核范围等，经管理者代表批准后实施。在内部审核中内审员进行交叉审核，即内审员不对本部门进行审核。审核中共发现××项不符合项，提出改进措施并进行了整改，保留了审核过程中的相关记录。

※ 案例点评

科研组织知识产权管理体系的内部审核可以单独进行，也可以与组织的其他管理体系（如质量管理体系）同时进行。

9.2 评审改进

【标准条款】

> **11.2 评审改进**
>
> 最高管理者应定期评审知识产权管理体系的适宜性和有效性，制定和落实改进措施，确保与科研组织的战略方向一致。

【过程要点】

科研组织应建立持续改进的机制，确保体系的适宜性、有效性。

1）评审应由最高管理者组织完成，按计划的时间间隔进行，至少每年一次。

2）评审关注的是体系的适宜性和有效性，即体系是否适合科研组织的实际情况，是否符合科研组织的战略方向。评审的内容包括但不限于知识产权方针、目标、体系文件、内外部环境、组织管理、资源保障、知识产权创造、保护及运用过程。

3）对科研组织日常管理中暴露的问题进行分析，提出改进措施并落实执行，提升知识产权管理水平，实现知识产权管理体系持续改进。

【符合性检查】

1）评审是否按策划的时间间隔由最高管理者组织实施并形成记录。

2）评审的内容是否反映知识产权管理体系的适宜性与有效性。

3）对评审中发现的需要改进的事项，是否制定和落实改进措施。

【案例9-2】

某研究所定期召开知识产权管理委员会会议，对知识产权管理体系的适宜性和有效性进行评审，形成评审报告，对知识产权管理体系中存在的问题提出改进建议，报所务会讨论，形成督办单经最高管理者批准后落实执行。在2018年××月召开的知识产权管理委员会会议中，该所对知识产权管理体系的适宜性和有效性进行了评审，结论是：知识产权管理体系适宜、有效。建议在以下两个方面进一步改进：

（1）修订知识产权目标，如专利申请量、专利授权率等；

（2）修订专利奖励实施细则中关于专利奖金的分配原则。

评审报告报所务会讨论，经最高管理者批准后执行。

※ 案例点评

科研组织可以参考质量管理体系或者《企业知识产权管理规范》中的管理评审形式，对知识产权管理体系的适宜性和有效性进行评审，实现知识产权管理体系持续改进。

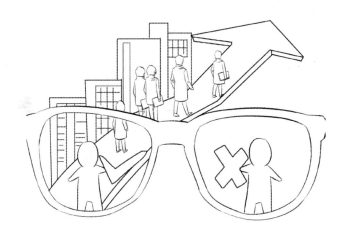

第10章 思 考

10.1 知识产权创造运用和保护应紧密围绕科研战略进行部署

《科研组织知识产权管理规范》围绕科技创新的知识产权创造、运用和保护等关键过程，从实践中总结提炼出规范的操作指南，上升到理论层面力求符合大多数科研组织的实际情况，指导科研组织的科技创新，将科学研究中的有价值的发现通过知识产权手段合理部署，进而能在未来转化中实现科技创新的价值，为相关产业发展打下良好的基础。改革开放四十年来，我国科技创新有了跨越性的发展，知识产权制度也经受了很多考验，为了提升科研组织的创新能力，改善知识产权数量与质量的发展平衡，我们应当适度控制盲目追求知识产权数量的粗放式发展模式，改变唯申请而申请的做法，思考我国的科研组织如何在创新质量和知识产权质量上取胜，紧密围绕我国的科研战略方向，创造高质量、高价值的知识产权，把我们有限的行政和司法资源用在真正有价值的科研创新的刀刃上。科研组织在满足国家战略需求的前提下，应充分研究我国的产业需求，从产业和市场的视角布局知识产权，匹配资源，保护好这些未来对产业十分关键的成果。《科研组织知识产权管理规范》的第 7、8、9 三章的内容就是科研组织知识产权创造、运用和保护最好的工作指南。尤其是对国立的科研组织，应在科学发展观的指导下，摒弃一味追求绩效和数量的陈旧标准，客观看待科研组织发展中的数据波动，将知识产权真正作为科研组织的战略任务来布局，而不是采用把重视知识产权挂在嘴上的科技成果与转化"两层皮"的做法。在未来的发展道路上，认真落实知识产权质量布局，围绕科研战略去布局，好的战略布局也会产生大量的知识产权，这样的知识产权组合可以更有力地促进我们的产业发展和提高市场竞争力。

《科研组织知识产权管理规范》的贯标工作启动以来，我们发现，目前科研组织在科研项目管理、知识产权实施转化以及保护等方面与规范的要求还有一定的差距，这也是规范中比较前瞻的考虑。前期国家知识产权局在专利价值分析、专利导航、高价值专利培育等方面都做了很多好的试点示范。近十年，中科院在科研项目的立项、执行、结题验收全过程知识产权管理，重大科研项目配备知识产权专员方面进行了很多的探索性实践。科研项目知识产权全过程管理是运用项目管理与知识产权相结合的理论、方法和技术，将知识产权管理融入科研项目的立项审批、项目实施、项目验收、成果转化与推广的全过程。其是以知识产权的创造、管理、保护和运用为主线，全面覆盖科研项目过程的知识产权相关事务的信息化管理。在科研和创新过程中充分发挥知识产权的引导、激励、保障和服务作用，以知识产权促进科技创新和成果转化，提高科技创新活动的效率和效益。

在规范的引导下，将知识产权是科研活动的副产品的认知，转变为知识产权是科研活动的主产品的概念，在科研项目立项之初就按照重要性和来源的不同进行分级分类，围绕创新链全过程的关键成果部署高质量的知识产权。以往的知识产权运营模式，属于知识产权被动运营模式，通常是完成了知识产权再去寻找应用转化，这样的结果往往是"皇帝的女儿也愁嫁"，而现在可以根据规范的内容，引导科研组织按照产业需求布局知识产权，以产业需求的思路形成知识产权保护圈，产生的科研成果变成了人人喜爱的"白富美"，知识产权在科研组织与实体企业之间的运营与流动变成了水到渠成，自然"不愁嫁"了。因此，贯彻科研组织的知识产权管理规范，应在条款上按照规范的要求执行，但贯彻标准的关键在于理念上彻底摒弃重绩效和数量而轻布局的盲目做法，提倡围绕科研战略部署知识产权创造运用和保护，才能真正有效地提升科研组织的创新竞争力。

10.2　资源管理与基础管理过程中的风险防控

10.2.1　人力资源管理过程中的风险防控

在科研组织的知识产权管理中，科技人员、管理人员是重点管理对象，他们直接接触科研项目的技术方案、产品特性等知识产权信息，应当通过合同约定明确其对科研组织的知识产权责任和义务，以防止科研组织的知识产权权利流失。与知识产权关系密切的岗位及知识产权核心人员是体系建设需要重点关注的对象，科研组织应该采取措施降低入职和离职中的知识产权风险，对新入职员工在原科研组织的知识产权背景进行调查和了解，包括是否与之前的单位签订过保密协议、竞业限制协议等，避免与原科研组织发生不必要的纠纷或诉讼；为保护科研组织的知识产权，避免随着人员流动而流失，应完善离职人员的知识产权管理。

科研组织的知识产权管理部门的人员和项目组的知识产权专员等与知识产权关系密切的岗位，以及那些大量接触科研技术方案的知识产权核心员工，入职时均应签署知识产权声明，以规避科研组织的法律责任。有条件的科研组织可以在全员的人事合同中嵌入知识产权条款，也可以签署知识产权补充协议。涉及知识产权核心员工离职时，应签署知识产权协议或竞业限制协议。入职知识产权背景调查可采取多种形式（问卷填写、电话核实、前雇主拜访和检索调查等），但一定要形成记录。鉴于在入职时签订相关协议的主动性较强，所以建议科研组织在员工入职时最好同时签订保密协议和（或）竞业限制协议。对于竞业限制协议，可以考虑签订为附生效条件的协议——由科研组织在员工离职时单方面决定该竞业限制协议是否生效。离职知识产权事项提醒应是针对全员的，主要告知在职期间接触的全部商业秘密（最好尝试明确的清单）都属于科研组织。离职知识产权协议或执行竞业限制协议，可考虑针对知识产权核心员工执行竞业限制协议，给予约定的补偿。

在科研组织中，学生也会参与科研工作，接触大量的知识产权信息，加强学生管理并提升其知识产权保护意识，是科研组织保护知识产权的有效措施。这里所说的学生主要指在科研组织中学习并从事科学理论或实验研究的硕士研究生或博士研究生，还包括联合培养、委托培养、短期实习、毕业设计等学生。因此，学生入学和离校时也应该按照规范要求签署相应的文件。

10.2.2　未披露信息

技术秘密是指能为权利人带来利益，权利人已采取严格的保密措施且不为公众所知悉的技术信息，具有秘密性、实用性、价值性和保密性的要求，是尚未获得专利等其他知识产权保护的技术信息。

作为一种能够解决某一实际问题的诀窍或方法，技术秘密具有技术价值和经济价值。技术秘密管理的内容包括设置技术秘密管理机构、制定技术秘密管理规定、技术秘密的日常管理事务等。

科研组织的技术开发过程中产生大量的技术秘密，由于技术秘密本身的特殊性，技术秘密的知悉范围应尽量小。技术秘密的管理机构可以根据自身的情况由科研组织的科技管理部门直接管理，并明确指定技术秘密管理的责任人，也可以放在保密部门管理或者知识产权管理部门来管理。科研组织要防止技术秘密丢失，保持科学研究的竞争力，占据科研的有利地位，一定要建立健全技术秘密的管理制度和安全防范措施。

制定科研组织技术秘密管理制度是为了维护科研组织的合法权益，推动技术进步，强化技术保护措施，规范技术创新活动，保持竞争优势，增强核心竞争力。科研组织在制定本单位技术秘密管理制度时，要参照我国关于知识产权的法律法规，如《中华人民共和国保守国家秘密法》《科学技术保密规定》《中华人民共和国反不正当竞争法》等，还应参照《关于加强科技人员流动中技术秘密管理的若干意见》等关于技术秘密管理的法规性文件。

科研组织的技术秘密管理制度可以命名为《××（单位名称）技术秘密管理办法》《××（单位名称）技术秘密管理规定》等，也可以作为一项内容在科研组织商业秘密管理办法中做出规定。

科研组织技术秘密管理制度应当明确技术秘密管理机构及其职责、技术秘密的确定、技术秘密的保密措施以及相关法律责任等内容。科研组织技术秘密管理制度具体包括技术秘密管理办法的目的与出发点、技术秘密管理工作的任务与实现步骤、适用范围或适用对象以及其他相关内容。

科研组织的各级管理者应具有强烈的技术秘密保护意识，并重视对员工技术秘密意识的培养，加强员工对科研组织技术秘密的保密意识，以使员工形成一种自觉维护科研组织技术秘密的良好习惯和观念，杜绝员工无意识地泄露科研组织技术秘密的不良现象。科研组织各级管理者和员工的技术秘密意识的培养可采取多种方式进行，如聘请专家讲座、总结过去发生的忽视技术秘密管理的教训、学习与技术秘密相关的法律知识等。通过对有关技术秘密知识的掌握，使员工明白技术秘密不仅关系到科研组织的兴衰，而且与员工的切身利益息息相关。最重要的是要使科研组织各级管理者和员工深刻认识到，科研组织的技术秘密是科研组织的重要财富，是市场竞争中不可缺少的竞争性资源，保护技术秘密是科研组织各级管理者和全体员工的责任和义务，泄露技术秘密者应承担法律责任。

10.2.3 合同的知识产权管理

合同是权利义务约定的载体，是管理工作的依据，科研组织应高度重视合同中涉及的知识产权内容。规范中的合同包括但不限于人事合同、采购合同、技术合同、销售合同和知识产权服务合同。在科研组织经营活动中，多涉及诸如技术开发、技术转让、技术咨询、技术服务等技术合作合同。该类合同经常涉及知识产权相关条款，包括知识产权归属条款、知识产权许可条款以及知识产权保证条款等。

一般技术合作合同中，涉及需要明确知识产权归属的部分主要包括合作双方在合作之前的背景知识产权、合作过程中产生的发明创造、合作结束后技术改进产生的知识产权。背景知识产权是已经申请并经确权的知识产权，需要在合同中明确使用的对价、期限范围等，而后两类技术还未获得专利保护，所以有必要对其未来的知识产权归属进行明确约定。对于技术合作中产生的发明创造，我们称之为前景知识产权，《中华人民共和国合同法》第三百三十九条及第三百四十条进行了明确规定，在技术合作合同中对于知识产权归属的约定尤为重要。合同双方要善于利用合同条款对技术合作中形成的发明创造归属进行明确约定，避免后期争议。对于项目合作完成后的改进知识产权归属，一般不易限制科研组织的后续改进，较合理的约定是后续改进的知识产权归完成方。

根据规范的要求，建议对技术合作合同中的知识产权条款进行审查，并形成记录；在进行委托开发或合作开发时，应签订书面合同，明确约定知识产权权属、许可及利益分配、后续改进的权属和使用、发明人的奖励和报酬、保密义务等；承担涉及国家重大专项等政府项目时，应理解该项目的知识产权管理规定，并按照要求进行管理。

在科研组织的日常工作中，合同类型除了技术合同之外，还有大量的非技术合同，尤其是各类采购合同。很多科研组织的合同管理分散在各个不同的部门，一个科研组织有几个合同章，不同部门相关业务的合同管理流程和规则不一样，包括签批、商务条款和知识产权条款的审核尺度，以及是否留存档案的管理也不一样。根据规范要求，建议科研组织梳理合同管理的部门、人员和职责、归档要求等，统一商务条款和知识产权条款的审核标准，规避合同签署和执行过程中的风险。

10.3　体系融合 ❶

10.3.1　体系融合的背景

按道理，实施了多种管理体系，该组织的整体管理效果会更好。但不幸的是，很多组织在实施了多种管理体系之后，虽某一方面的管理获得了不同程度的改善，但组织的整体运行效率却严重降低了。为何？

因为很多组织并没有对所实施的多种管理体系进行有效整合——各种管理体系独立运行；各类管理流程繁多，重叠并行与相互矛盾屡见不鲜；各类文件、表格汗牛充栋；各种管理会议与审查层出不穷……

无论何种类型的组织、何种管理体系，最终要靠中、基层管理人员与员工来执行。同时，为了应付各种管理体系的繁杂要求，中、基层管理人员与员工不得不花去大量精力学习各种文件、填写多种报表、参加各类管理会议。在科研生产如此繁忙之际，一些人不得不开始敷衍，涉及的体系不得不成为"两层皮"。

为了消除各主管部门各自为政所带来的此类乱象，需要采用"顶层设计"的思维。因此，科研组织的管理层必须保持清醒的头脑，在实施任何一个管理体系之初，就必须将该管理体系与其他现有全部的管理体系进行有效整合。若在中途、孤立地建立一个管理体系后再进行整合，其难度和复杂度会高很多，而在那时科研组织整体运行效率的下降已成为事实。

许多科研组织已经或正在采用正式的管理体系标准（MSSs），如 ISO 9001 质量管理体系、ISO 14001 环境管理体系和 ISO 45001 职业健康安全管理体系，通常这些体系都各自为政。其实，所有的管理体系都包含能够以整合的方法满足通用要求的管理；同时科研组织能够识别存在于组织全部管理体系内的各个管理体系的本质，并最大程度地加以利用。

国际标准已经有很多的发展，如 ISO 新导则的采用，参照 Annex SL（规范）关于整合管理体系标准方案，目的是使组织能够将管理体系（MS）通

---

❶　本部分的体系融合是以知识产权管理体系、质量管理体系、环境管理体系和职业健康安全管理体系为例。

用要求整合在一个框架里，并实现卓越绩效。

10.3.2 体系融合的基本原则

开展多体系之间的融合，需要遵循一定的原则，具体如下：

1）对管理对象相同、管理特性要求基本一致的内容应进行整合。以最常见的质量、环境、职业健康安全和知识产权四项管理体系标准为例，凡是四项标准中管理的对象相同、管理性要求基本一致的内容，组织对体系文件、资源配置、运行控制都可整合。

2）整合后的管理性要求应覆盖四个标准的内容，就高不就低，以体系标准中最高要求为准。整合型管理体系是适应四个标准要求的管理体系，只有四个标准的全部要求都满足，才能说明组织建立的整合型管理体系能够确保其质量管理、环境管理、职业健康安全管理和知识产权管理符合规定的要求，能够实现组织制定的质量、环境、职业健康安全和知识产权目标。

3）整合后的管理体系文件应具有可操作性，保持文件之间的协调性和针对性。整合后的管理体系程序并不是越多越好，在具有可操作性的前提下方便操作。

4）整合应有利于减少文件数量，便于文件使用；有利于统一协调体系的策划、运行与检测，实现资源共享；有利于提高管理效率，降低管理成本。

10.3.3 体系融合的步骤

组织进行体系融合的一般步骤：

1）组织领导层统一思想并做出决策；

2）成立管理体系整合的领导班子和工作班子；

3）分层次进行培训，重点是对相关标准及文件编写进行培训；

4）根据法律法规和顾客、相关方、社会、员工的要求、组织的宗旨和管理现状制定组织整合型管理方针；

5）识别管理体系所需的过程，识别并评价环境因素、安全风险因素和知识产权因素；

6）根据管理方针，制定管理目标和指标；

7）进行整合管理体系的职能分配，明确相应的职责和权限；

8）根据目标指定产品实现、环境、职业健康安全和知识产权的质量计划或管理方案；

9）编制整合型管理体系文件；

10）发布并宣贯整合型管理体系文件；

11）配备和落实整合型管理体系所要求的人力、基础设施和其他资源；

12）试运行 3~6 个月；

13）培训并聘任满足整合型管理体系要求的内审员；

14）进行至少一次依据四个标准、覆盖全部管理部门和要求的内部审核；

15）跟踪评审不符合项纠正措施；

16）召开管理评审会，评价整合型管理体系的适宜性、充分性和有效性，并提出持续改进方向；

17）实施改进，保持管理体系的有效运行。

多管理体系标准的融合，便于我们认识和掌握管理的规律性。在组织建立一致性的管理基础条件下，能够科学地调配人力资源，优化组织的管理机构，统筹开展管理性要求一致的活动，提高工作效率，有利于培养复合型人才，降低管理成本，提高管理体系运行的效率，最终实现符合组织战略发展目标的卓越绩效。

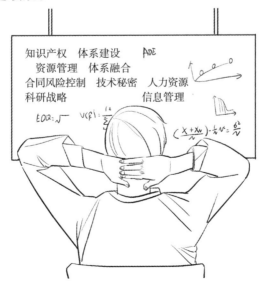

附　录

1. 术语与定义

　　GB/T 19000—2008、GB/T 19001—2008、GB/T 29490—2013 界定的术语和定义以及下列术语和定义均适用于本书。为了便于使用，以下重复列出了 GB/T 19000—2008、GB/T 19001—2008 和 GB/T 29490—2013 中的某些术语和定义。同时考虑发展变化，同样列出 GB/T 19000—2016 和 GB/T 19001—2016 中部分修改和新增的术语和定义。

1.1　管理 management

> **管理 management**
>
> 指挥和控制组织的协调的活动
>
> 　　注：在英语中，术语"management"有时指人，即具有领导和控制组织的职责和权限的一个人或一组人。当"management"以这样的意义使用时，均应附有某些修饰词以避免与上述"management"的定义所确定的概念相混淆。例如：不赞成使用"management shall ……"，而应使用"top management shall ……"。
>
> 　　[GB/T 19000-2008，定义 3.2.6]

管理是在特定的环境下，以人为中心，对组织所拥有的资源进行有效地计划、组织、领导和控制，以便达成既定的组织目标的过程❶。斯蒂芬·罗宾斯给管理的定义是：所谓管理，是指同别人一起，或通过别人使活动完成得更有效的过程。

1.2　体系（系统）system

体系（系统）system

相互关联或相互作用的一组要素

[GB/T 19000-2008，定义 3.2.1]

一个组织的管理体系可包括若干个不同的管理体系，如质量管理体系、财务管理体系或环境管理体系。

1.3　管理体系 management system

管理体系 management system

建立方针和目标并实现这些目标的体系

注：一个组织的管理体系可包括若干个不同的管理体系，如质量管理体系、财务管理体系或环境管理体系。

[GB/T 19000-2008，定义 3.2.2]

1)《质量管理体系 基础和术语》(GB/T 19000—2016) 术语和定义 3.5.3 对"管理体系"的定义进行了修改和解释：

（1）定义修改。

管理体系 management system

---

❶ 刘金方、郭跃显等．现代管理理论与方法［M］．北京：中国铁道出版社，2006.

组织建立方针和目标以及实现这些目标的过程的相互关联或相互作用的一组要素。

（2）注释。

注1：一个管理体系可以针对单一的领域或者几个领域，如质量管理、财务管理或环境管理。

注2：管理体系要素规定了组织的结构、岗位和职责、策划、运行、方针、惯例、规则、理念、目标，以及实现这些目标的过程。

注3：管理体系的范围可能包括整个组织，组织中可被明确识别的职能或可被明确识别的部门，以及跨组织的单一职能或多个职能。

注4：这是ISO/IEC导则第一部分ISO补充规定的附件SL中给出的ISO管理体系标准中的通用术语及核心定义之一，最初的定义已经通过修改注1至注3被改写。

2）科研组织在建立知识产权管理体系的时候，首先应明确知识产权管理体系与其他管理体系的关系。知识产权管理体系不是完全独立的，应与其他管理体系相互配合。

1.4　组织 organization

组织 organization

职责、权限和相互关系得到安排的一组人员及设施

示例：公司、集团、商行、企事业单位、研究机构、慈善机构、代理商、社团或上述组织的部分或组合。

注1：安排通常是有序的。

注2：组织可以是公有的或私有的。

注3：本定义适用于质量管理体系标准。术语"组织"在ISO/IEC指南2中有不同的定义。

[GB/T 19000-2008，定义 3.3.1]

1）《质量管理体系 基础和术语》（GB/T 19000—2016）术语和定义 3.2.1

的定义修改和解释。

（1）定义修改。

组织 organization

为实现目标，由职责、权限和相互关系构成自身功能的一个人或一组人。

（2）注释。

注1：组织的概念包括但不限于代理商、公司、集团、商行、企事业单位、行政机构、合营公司、协会、慈善机构或研究机构，或上述组织的部分或组合，无论是否为法人组织，公有的或私有的。

注2：这是 ISO/IEC 导则 第1部分 ISO 补充规定的附件 SL 中给出的 ISO 管理体系标准中的通用术语及核心定义之一，最初的定义已经通过修改注1被改写。

2）组织是由诸多要素按照一定方式组合起来的系统，其要素之间是相互作用和相互关联的，组织存在的意义在于通过诸多相关的过程和活动实现其特定的目标。为了实现特定目标，组织需将与过程或活动相关的职责和权限予以分配给一个人或一组人。组织的示例，如公司、公司所属部门或小组、子公司、车间、协会、生产班组等。

3）识别组织有利于识别顾客、供应商、产品和服务，有利于确定组织环境。

1.5 组织环境 context of the organization

组织环境 context of the organization

对组织建立和实现目标的方法有影响的内部和外部因素的组合

注1：组织的目标可能涉及其产品和服务、投资和对其相关方的行为。

注2：组织环境的概念，除了适用于营利性组织，还同样能适用于非营利或公共服务组织。

注3：在英语中，这一概念常被其他术语，如："business environment" "organizational environment" 或 "ecosystem of an organization" 所表述。

注4：了解基础设施对确定组织环境会有帮助。

[GB/T 19000−2016，定义 3.2.2]

组织环境是指所有潜在影响组织知识产权管理体系运行以及组织绩效的因素或力量。组织环境调节着组织结构设计与组织绩效的关系，影响组织的有效性。组织环境对组织的生存和发展起着决定性的作用，是组织知识产权管理活动的内在与外在的客观条件。任何一个组织离开组织环境便不能生存，组织环境是组织的一个部分，也是组织的构成要素。

1.6　组织结构 organizational structure

> **组织结构 organizational structure**
>
> 人员的职责、权限和相互关系的安排
>
> 注1：安排通常是有序的。
>
> 注2：组织结构的正式表述通常在质量手册或项目的质量计划中提供。
>
> 注3：组织结构的范围可包括与外部组织的有关接口。
>
> [GB/T 19000-2008，定义 3.3.2]

组织结构表明组织各部分排列顺序、空间位置、聚散状态、联系方式以及各要素之间相互关系的一种模式，是整个管理体系的"框架"。

组织结构是组织的全体成员为实现组织目标，在知识产权管理工作中进行分工协作，在职务范围、责任、权利方面所形成的结构体系，其本质是为实现组织知识产权目标而采取的一种分工协作体系。

1.7　要求 requirement

> **要求 requirement**
>
> 明示的、通常隐含的或必须履行的需求或期望
>
> 注1："通常隐含"是指组织、顾客和其他相关方的惯例或一般做法，所考虑的需求或期望是不言而喻的。
>
> 注2：特定要求可使用限定词表示，如：产品要求、质量管理要求、顾客要求。
>
> 注3：规定要求是经明示的要求，如：在文件中阐明。
>
> 注4：要求可由不同的相关方提出。
>
> 注5：本定义与ISO/IEC导则第2部分：2004的3.12.1中给出的定义不同。
>
> [GB/T 19000-2008，定义 3.1.2]

1)《质量管理体系 基础和术语》（GB/T 19000—2016）术语和定义 3.6.4
的补充注释：

注 4：要求可由不同的相关方或组织自己提出。

注 5：为实现较高的顾客满意，可能有必要满足那些顾客既没有明示，
也不是通常隐含或必须履行的期望。

注 6：这是 ISO/IEC 导则 第 1 部分 ISO 补充规定的附件 SL 中给出的
ISO 管理体系标准中的通用术语及核心定义之一，最初的定义已经通过增加
注 3 至注 5 被改写。

1.8　改进 improvement

> 改进 improvement
> 提高绩效的活动
> 注：活动可以是循环的或一次性的。
> [GB/T 19000-2016，定义 3.3.1]

改进是指为提高组织知识产权管理过程的绩效所开展的活动；持续改进
是增强满足要求的能力的循环活动。持续改进的对象是知识产权管理体系。
制定改进目标和寻求改进机会的过程是一个持续过程。

1.9　持续改进 continual improvement

> 持续改进 continual improvement
> 增强满足要求的能力的循环活动
> 注：制定改进目标和寻求改进机会的过程是一个持续过程，该过程使用
> 审核发现和审核结论、数据分析、管理评审或其他方法，其结果通常导致纠
> 正措施或预防措施。
> [GB/T 19000-2008，定义 3.2.13]

1)《质量管理体系 基础和术语》（GB/T 19000—2016）术语和定义 3.3.2
的定义修改和解释：

（1）定义修改。

持续改进 continual improvement

提高绩效的循环活动。

（2）注释。

注1：为改进制定目标和寻找机会的过程是一个通过利用审核发现和审核结论、数据分析、管理评审或其他方法的持续过程，通常会产生纠正措施或预防措施。

注2：这是 ISO/IEC 导则 第1部分 ISO 补充规定的附件 SL 中给出的 ISO 管理体系标准中的通用术语及核心定义之一，最初的定义已经通过增加注1被改写。

2）持续改进是组织为提升自身的绩效而开展的连续性活动。组织通过不断发现问题寻找自身改进机会，主动设定改进目标，利用改进工具和方法实施改进，进而达到周而复始的螺旋式上升，提升组织的整体绩效。持续改进应特别关注质量管理体系的适宜性、充分性和有效性。

3）改进的机会通常会来自分析和评价结果、管理评审输出、法规强制性要求、顾客特殊要求。

1.10 相关方 interested party

相关方 interested party
与组织的业绩或成就有利益关系的个人或团体
示例：顾客、所有者、员工、供方、银行、工会、合作伙伴或社会。
注：一个团体可由一个组织或其一部分或多个组织构成。
[GB/T 19000-2008，定义 3.3.7]

1）《质量管理体系 基础和术语》（GB/T 19000—2016）术语和定义 3.2.3 的定义修改和解释：

（1）定义修改。

相关方 interested party；stakeholder

可影响决策或活动、受决策或活动所影响、或自认为受决策或活动影响的个人或组织。

示例：顾客、所有者、组织内的人员、供方、银行、监管者、工会、合作伙伴以及可包括竞争对手或相对立的社会群体。

（2）注释。

注：这是 ISO/IEC 导则 第1部分 ISO 补充规定的附件 SL 中给出的 ISO 管理体系标准中的通用术语及核心定义之一，最初的定义已经通过增加示例被改写。

2）相关方是指与组织有关联的，包括与组织有利害关系或利益关系的一方或几方。通常情况下，相关方有：

（1）可以影响组织决策或运营的外部方或内部人员；

（2）受到组织决策或运行影响的外部方或内部人员；

（3）感觉自己受到组织决策或运行影响的外部方或内部人员。

3）顾客是组织的主要相关方，除此之外相关方还包括投资者或股东、员工、合作伙伴、外部供方、社会（包括党委、银行、监管部门、行业协会、工会等），以及竞争对手等。

4）相关方概念超越了仅以顾客为关注点，考虑所有利益相关方对于组织尤为重要，理解组织的环境的部分内容就是识别组织的相关方。利益相关方是指那些如其需求和期望未得到满足，则会给组织的可持性带来重大风险的相关方。组组必须要明确给相关方传递哪一种信息，以便降低风险。

1.11 科研组织 research and development organization

科研组织 research and development organization

有明确的任务和研究方向，有一定学术水平的业务骨干和一定数量的研究人员，具有开展研究、开发等学术工作的基本条件，主要进行科学研究与技术开发活动，并且在行政上有独立的组织形式，财务上独立核算盈亏，有权与其他单位签订合同，在银行有独立账户的单位。

[GB/T 33250-2016，定义 3.1]

本标准中的科研组织具有以下特点（四"有"四"独立"）：

1）有明确的任务和研究方向（有目标）；

2）有一定学术水平的业务骨干和一定数量的研究人员（有人才）；

3）具有开展研究、开发等学术工作的基本条件（有财物）；

4）主要进行科学研究与技术开发活动（有正事）；

5）在行政上有独立的组织形式（行政独立）；

6）在财务上独立核算盈亏（财务独立）；

7）有权与其他单位签订合同（法律独立）；

8）在银行有独立账户（账户独立）。

1.12 科研项目 research project

> **科研项目 research project**
>
> 由科研组织或其直属机构承担，在一定时间周期内进行科学技术研究活动所实施的项目。
>
> [GB/T 33250—2016，定义 3.8]

1）理解。

（1）任何科研项目的开展与完成，都需要一个人员的组织形式，这就是项目组。

（2）项目组的特点：

①完成科研项目的组织形式；

②隶属于科研组织；

③相对独立地开展研究开发活动。

2）科研项目与项目组的对应关系：不仅仅有一对一的关系，还有比较普遍的多对一的情形，以及比较少的一对多的情况。

3）在目前的科研组织中，特别是在中科院的研究所里，大部分的项目组实行的都是 PI 制 ❶。

1.13 最高管理者 top management

> **最高管理者 top management**
> 在最高层指挥和控制组织的一个人或一组人
> [GB/T 19000-2008，定义 3.2.7]

1）《质量管理体系 基础和术语》（GB/T 19000—2016）术语和定义 3.1.1 的注释：

注 1：最高管理者在组织内有授权和提供资源的权力。

注 2：如果管理体系的范围仅覆盖组织的一部分，在这种情况下最高管理者是指管理和控制组织的这部分的一个人或一组人。

注 3：这是 ISO/IEC 导则 第 1 部分 ISO 补充规定的附件 SL 中给出的 ISO 管理体系标准中的通用术语及核心定义之一。

2）作为组织的最高管理者不仅拥有指挥和控制能力，其主要的特征是具有资源的配置权利和资源的调配或重新分配的权利，同时，还可以对组织的其他人员进行授权。在科研组织中拥有指挥和控制权的通常为理事长、院长、所长、实验室主任、工程中心主任等。如果管理体系范围仅覆盖组织的一部分，如科研组织的一个部门、实验室、工程中心，则最高管理者也可以是部门负责人、实验室主任、工程中心主任等，理解谁是最高管理者应从确定组织的范围开始。

---

❶ PI 制就是以 PI 为核心进行人力资源配置、以项目经费成本核算为核心进行财力资源配置及以实现科研资源共享为核心进行物力资源配置的一种科研管理机制。

1.14　员工 staff

> **员工 staff**
>
> 在科研组织任职的人员、临时聘用人员、实习人员，以科研组织名义从事科研活动的博士后、访问学者和进修人员等。
>
> [GB/T 33250-2016，定义 3.6]

1）解读。

（1）员工可以分为固定类和临时类两类人员。固定类主要指在科研组织任职的人员；临时类则包括临时聘用人员、实习人员、博士后、访问学者和进修人员。

（2）本标准中员工的特点是以科研组织名义从事科研活动。

（3）科研组织知识产权管理体系中的人包括员工和学生。

1.15　知识产权专员 intellectual property specialist

> **知识产权专员 intellectual property specialist**
>
> 具有一定知识产权专业能力，在科研项目中承担知识产权工作的人员。
>
> [GB/T 33250-2016，定义 3.11]

1）理解。

知识产权专员 ❶ 以其具有的专业能力，在项目组、科研项目中承担知识产权领域的具体工作。

项目组可以根据自己的实际需要，明确知识产权专员的职责和任职条件。

中科院于 2007 年 10 月 22 发布《进一步加强我院知识产权工作的指导意见》，提出："建立院重大项目与重要方向项目'知识产权专员'制度""知

---

❶ 中国科学院作为国内最大的公立自然科学研究机构,在国内较早地制定了知识产权专员制度,建立了知识产权专员队伍,旨在打造一批既具有技术背景通识、又深谙知识产权的高端人才,以服务于科学研究和技术转移的工作。

识产权专员应熟悉科技前沿动态、知识产权法律知识和科研项目管理知识，经培训考试获得院颁发的资格证书后上岗"。

中科院自 2008 年起每年举行一次知识产权专员资格考试，考试科目包括《知识产权法律、法规和政策》《专利申请、审查、复审与无效》《知识产权检索与分析》和《知识产权战略、管理与经营》，员工通过考试后由中科院科技促进发展局颁发资格证书。

截至 2018 年底，全院共有 417 名员工通过考试，获得中科院知识产权专员资格。这一批知识产权专员已经成长为中科院知识产权管理和科技成果转化的骨干力量，发挥着越来越重要的作用。

2）本标准中的知识产权专员，与中科院的知识产权专员有所不同，是指在项目组中协助项目组长从事知识产权管理工作的人员。

1.16　项目组 project team

> **项目组 project team**
>
> 完成科研项目的组织形式，是隶属于科研组织的、相对独立地开展研究开发活动的科研单元。
>
> [GB/T 33250—2016，定义 3.9]

解读。

（1）任何科研项目的开展与完成都需要一个人员的组织形式，那就是项目组。

（2）项目组的特点：

①完成科研项目的组织形式；

②隶属于科研组织；

③相对独立地开展研究开发活动。

（3）科研项目与项目组的对应关系。不仅仅是一对一的关系，还有比较普遍的多对一的情形，以及比较少的一对多的情况。

（4）项目组大都是 PI 制。

1.17 知识产权 intellectual property

> **知识产权 intellectual property**
>
> 自然人或法人对其智力活动创造的成果依法享有的权利，主要包括专利权、商标权、著作权、集成电路布图设计权、地理标志权、植物新品种权、未披露的信息专有权等。
>
> [GB/T 33250–2016，定义 3.2]

1）与《企业知识产权管理规范》（GB/T 29490—2013）术语和定义 3.1 中的"知识产权"的定义略有不同。

在科学技术、文学艺术等领域中，发明者、创造者等对自己的创造性劳动成果依法享有的专有权，其范围包括专利、商标、著作权及相关权、集成电路布图设计、地理标志、植物新品种、商业秘密、传统知识、遗传资源以及民间文艺等。

本标准中的定义引用自《知识产权文献与信息 基本词汇》（GB/T 21374—2008）术语和定义 3.1.1。

2）知识产权的权利人仅为自然人或法人。

3）知识产权的种类包括但不限于以下各项：

（1）专利权；

（2）商标权；

（3）著作权；

（4）集成电路布图设计权；

（5）地理标志权；

（6）植物新品种权；

（7）未披露的信息专有权。

大家需要特别关注"未披露的信息专有权"，这是科研组织知识产权的重要组成部分，也是很容易被忽视或者很难进行管理的一部分内容。

1.18 知识产权手册 intellectual property manual

> **知识产权手册 intellectual property manual**
> 规定知识产权管理体系的文件
> [GB/T 29490−2013，定义 3.7]

理解。

（1）知识产权管理手册是证明或描述知识产权管理体系的主要文件。

（2）知识产权管理手册应便于全体员工阅读并获悉科研组织相关知识产权规定以及制度。

（3）知识产权管理手册，一般包含封面、前言、颁布令、知识产权方针和目标、组织机构、知识产权管理体系要求等内容。

1.19 知识产权记录文件 intellectual property recording document

> **知识产权记录文件 intellectual property recording document**
> 记录组织知识产权管理活动、行为和工作等的文件，是知识产权管理情况的原始记录。
> [GB/T 33250−2016，定义 3.7]

理解。

（1）文件是知识产权管理体系的载体，记录文件是知识产权管理活动、行为和工作等的原始记录。

（2）文件的载体形式不限于纸质文件，也包括电子文件。

1.20 专利导航 patent-based navigation

> **专利导航 patent-based navigation**
>
> 在科技研发、产业规划和专利运营等活动中，通过利用专利信息等数据资源，分析产业发展格局和技术创新方向，明晰产业发展和技术研发路径，提高决策科学性的一种模式。
>
> [GB/T 33250-2016，定义 3.10]

1）理解。

2013 年 4 月 2 日，国家知识产权局发布《关于实施专利导航试点工程的通知》（国知发管字〔2013〕27 号），开始实施专利导航试点工程，即以专利信息资源利用和专利分析为基础，把专利运用嵌入产业技术创新、产品创新、组织创新和商业模式创新，引导和支撑产业科学发展的探索性工作。探索建立专利信息分析与产业运行决策深度融合、专利创造与产业创新能力高度匹配、专利布局对产业竞争地位保障有力、专利价值实现对产业运行效益支撑有效的工作机制，推动重点产业的专利协同运用，培育形成专利导航产业发展新模式。

（1）专利导航是专利大数据在科技研发、产业规划和专利运营等活动中的应用，为了特定目的，通过专利数据分析，为科学决策提供量化依据。

（2）此处的专利导航定义强调了专利导航在产业规划方面发挥的作用，包括但不限于为科研组织培育、人才引进、协同创新、研发方向等提供路径指引。此外，在科研组织运营领域，专利导航以提升科研组织竞争力为目标，以专利导航分析为手段，以科研组织产品开发和专利运营为核心，贯通专利导航、创新引领、产品开发和专利运营，推动专利融入、支撑科研组织创新发展。

2）本标准中引入专利导航的概念，是要求科研组织在科研活动中充分利用专利信息资源，提升知识产权质量，促进知识产权的转移转化。

1.21 审核 audit

审核 audit

为获得审核证据并对其进行客观的评价，以确定满足审核准则的程度所进行的系统的、独立的并形成文件的过程。

注1：内部审核有时称第一方审核，由组织自己或以组织的名义进行，用于管理评审和其他内部目的，可作为组织自我合格声明的基础。在许多情况下，尤其在小型组织内，可以由与正在被审核的活动无责任关系的人员进行，以证实独立性。

注2：外部审核包括通常所说的"第二方审核"和"第三方审核"。第二方审核由组织的相关方，如顾客或由其他人员以相关方的名义进行。第三方审核由外部独立的审核组织进行，如提供符合 GB/T 19001 或 GB/T 24001 要求的认证机构。

注3：当两个或两个以上的管理体系被一起审核时，称为"多体系审核"。

注4：当两个或两个以上审核组织合作，共同审核同一个受审核方时，这种情况称为"联合审核"。

[GB/T 19000–2008，定义 3.9.1]

《质量管理体系 基础和术语》（GB/T 19000—2016）术语和定义 3.13.1 的定义注释。

注1：审核的基本要素包括由对被审核客体不承担责任的人员，按照程序对客体是否合格所做的确定。

注2：审核可以是内部（第一方）审核，或外部（第二方或第三方）审核，也可以是多体系审核或联合审核。

注3：内部审核，有时称为"第一方审核"，由组织自己或以组织的名义进行，用于管理评审和其他内部目的，可作为组织自我合格声明的基础。内部审核可以由与正在被审核的活动无责任关系的人员进行，以证实独立性。

注4：通常，外部审核包括第二方和第三方审核。第二方审核由组织的相关方，如顾客或由其他人员以相关方的名义进行。第三方审核由外部独

立的审核组织进行，如提供合格认证 / 注册的组织或政府机构。

注 5：这是 ISO/IEC 导则 第 1 部分 ISO 补充规定的附件 SL 中给出的 ISO 管理体系标准中的通用术语及核心定义之一，最初的定义和注释已经被改写，以消除术语"审核准则"与"审核证据"之间循环定义的影响，并增加了注 3 和注 4。

1.22　审核方案 audit programme

> **审核方案 audit programme**
> 针对特定时间段所策划，并具有特定目的的一组（一次或多次）审核
> 注：审核方案包括策划、组织和实施审核的所有必要的活动。
> [GB/T 19000-2008，定义 3.9.2]

《质量管理体系 基础和术语》（GB/T 19000—2016）术语和定义 3.13.4 的定义修改。

审核方案 audit programme

针对特定时间段所策划并具有特定目标的一组（一次或多次）审核安排。

1.23　审核计划 audit plan

> **审核计划 audit plan**
> 对审核活动和安排的描述
> [GB/T 19000-2008，定义 3.9.12]

1）审核计划描述的是一次具体的审核活动及活动的安排。审核计划是对一次具体的审核活动进行策划后形成的结果之一，通常应形成文件。

2）审核计划内容的详略程度与一次具体审核的范围和复杂程度有关。

1.24 审核范围 audit scope

> **审核范围 audit scope**
> 审核的内容和界限
> 注：审核范围通常包括对受审核组织的实际位置、组织单元、活动和过程，以及审核所覆盖的时期的描述。
> [GB/T 19000—2008，定义 3.9.13]

1）审核的内容和界限是指审核所覆盖的对象，与受审核方的需求、目的、规模、性质及产品、过程和活动等有关。

2）审核范围通常包括实际位置、组织单元、活动和过程及所覆盖的时期。

"实际位置"是指受审核方所处的地理位置或其活动发生的场所位置，包括固定的、流动的和临时的位置。

"组织单元"是指受审核的管理体系所涉及的部门、岗位、场所等，如某公司的车间、仓库、管理部门、经销部等。

"活动和过程"是指受审核的管理体系所覆盖的与产品相关的活动，如设计、生产、安装、销售和服务，以及管理体系标准所覆盖的过程，如产品实现过程、监视测量活动等。

"所覆盖的时期"是指实施审核所需覆盖的时间段。例如，第三方认证审核的初次审核所覆盖的时期通常是受审核方管理体系正式运行之日至初次现场审核的时间段。再如，某组织的内部审核每年进行一次，其每次内审所覆盖的时间至少一年。

3）针对某次具体的审核，审核范围应形成文件，包括对实际位置、组织单元、活动和过程及所覆盖的时期的描述。

4）从应用的层面还需要了解审核范围与认证范围的联系：

（1）依据认证范围来确定具体的审核范围；

（2）依据已审核的范围及审核结论，确定与批准最终的认证范围。

1.25 审核证据 audit evidence

> **审核证据 audit evidence**
> 与审核准则有关并能够证实的记录、事实陈述或其他信息
> 注：审核证据可以是定性的或定量的。
> [GB/T 19000-2008，定义 3.9.4]

1）审核证据是能够证实的记录、事实陈述或其他信息。

在审核过程中，可以通过查阅文件和记录、听取有关责任人员的口头陈述、现场观察、实际测定等方式来获得所需要的信息。作为审核证据的信息应是真实的、客观存在的。

2）审核证据是与审核准则有关的信息。

审核员应收集与审核准则有关的记录、事实陈述或其他信息作为审核证据，在审核中收集的与审核准则有关的信息只有能够证实，方可作为审核证据。审核证据是建立在获取的信息样本的基础上的。道听途说、假设、主观臆断、猜测等无法证实的信息不能作为审核证据，更不能用来形成审核发现（包括不符合）。

3）审核证据可以是定性的，如员工有关知识产权保密的意识；也可以是定量，如管理体系对知识产权权属变更、权属放弃管理的检查频次等。在审核过程，不要求也没必要对获得的信息进行逐一证实，但在需要时这些信息应该是能够被证实的，即可重查、可再现。

1.26 审核发现 audit finding

> **审核发现 audit finding**
> 将收集到的审核证据对照审核准则进行评价的结果
> 注：审核发现能表明符合或不符合审核准则，或指出改进的机会。
> [GB/T 19000-2008，定义 3.9.5]

《质量管理体系 基础和术语》（GB/T 19000—2016）术语和定义 3.13.9 的定义注释。

注 1：审核发现表明符合或不符合。

注 2：审核发现可导致识别改进的机会或记录良好实践。

注 3：如果审核准则选自法律要求或法规要求，审核发现可被称为合规或不合规。

1.27　合格（符合）conformity

> **合格（符合）conformity**
> *满足要求*
> 注：与英文术语"conformance"是同义的，但不赞成使用。
> [GB/T 19000−2008，定义 3.6.1]

《质量管理体系 基础和术语》（GB/T 19000—2016）术语和定义 3.6.11 的定义注释。

注 1：在英语中，"conformance"一词与本词是同义的，但不赞成使用。在法语中，"compliance"也是同义的，但不赞成使用。

注 2：这是 ISO/IEC 导则 第 1 部分 ISO 补充规定的附件 SL 中给出的 ISO 管理体系标准中的通用术语及核心定义之一，最初的定义已经通过增加注 1 被改写。

1.28　不合格（不符合）nonconformity

> **不合格（不符合）nonconformity**
> *未满足要求*
> [GB/T 19000−2008，定义 3.6.2]

《质量管理体系 基础和术语》（GB/T 19000—2016）术语和定义 3.6.9 的定义注释。

注：这是 ISO/IEC 导则 第 1 部分 ISO 补充规定的附件 SL 中给出的 ISO 管理体系标准中的通用术语及核心定义之一。

1.29 审核结论 audit conclusion

> **审核结论 audit conclusion**
> 审核组考虑了审核目的和所有审核发现后得出的最终审核结果
> [GB/T 19000-2008，定义 3.9.6]

《质量管理体系 基础和术语》（GB/T 19000—2016）术语和定义 3.13.10 的定义修改为：

审核结论 audit conclusion

考虑了审核目标和所有审核发现后得出的审核结果。

2. 调查问卷及诊断结果示例

知识产权调查诊断问卷见表附录 1-1。

表附录 1-1　知识产权调查诊断问卷

单位名称：		
填表人姓名：	联系电话：	传真：
填表人所在部门：	电子邮箱：	

声明：

本单位承诺保护填表单位的信息，保证不以任何借口、任何形式向第三方透露填表的信息。每一个调查单位的信息都将被作为最重要的资源得到妥善、安全的保管。

一、单位基本情况

注册资本： （万元）	创办年份：		法人代表：

现有资产总额： （万元）其中净资产： （万元）

现有职工总数： （人）其中：两院院士 （人），万人计划 （人），

创新人才推进计划 （人），千人计划 （人），青年千人计划 （人）；

现有学生总数： （人）其中：联合培养 （人）

知识产权经费支出（万元）	20 年	20 年	20 年	
申请、注册、登记、维护费用				
知识产权诉讼费用				
检索、分析、评估、运营费用				研究所发展战略：
知识产权培训费用				
知识产权信息资源费用				
管理机构及支撑机构费用				
知识产权奖励报酬费用				
科研经费收入（万元）	20 年	20 年	20 年	
其中：横向经费				
纵向经费				
财政补助				通过的体系认证：
知识产权运营收入	20 年	20 年	20 年	
专利许可转让				
投资入股				
其他形式				

二、知识产权积累

1. 专利数据统计。

	发明	新型	外观	PCT 申请	著作权登记	总计
截至填表日申请量						
20　年申请量						
20　年申请量						
20　年申请量						

2. 截至填表日申请注册商标总量（件）；已注册商标总量（件）；驰名商标总量（件）。

	20　年	20　年	20　年
商标申请量			
已注册商标量			

3. 集成电路布图设计登记（件）。

4. 已明确界定为本单位商业（技术）秘密加以保护的项数（项）。

5. 如果上述 5 项均为零，其原因在于：（　　　）

A. 没有需要知识产权保护的技术和产品

B. 不了解如何保护知识产权

C. 认为现有知识产权制度起不到保护作用，所以没有必要投入

6. 承担课题 / 获得奖励情况。

		20	20	20	总计
国家课题	数量				
	经费（万元）				
省级课题	数量				
	经费（万元）				
其他课题	数量				
	经费（万元）				
国家奖励					
省部级奖					
其他奖项					

三、知识产权管理制度

4.2 知识产权方针和目标	1. 知识产权方针和目标	□已有，引用或修改 □无，新增或另编	
	2. 其他：		
4.3 知识产权手册	1. 知识产权手册	□已有，引用或修改 □无，新增或另编	
	2. 其他：		
4.4 文件管理文件	1. 文件管理制度／程序	□已有，引用或修改 □无，新增或另编	
	2. 其他：		
5.2 管理者代表	1. 管理者代表任命书	□已有，引用或修改 □无，新增或另编	
	2. 其他：		
5.3 知识产权管理机构	1. 知识产权管理架构、具体机构及其知识产权职责	□已有，引用或修改 □无，新增或另编	
	2. 其他：		
5.4 知识产权服务支撑机构	1. 知识产权手册（描述知识产权服务支撑机构及其职责）	□已有，引用或修改 □无，新增或另编	
	2. 其他：		
5.5/5.6 研究中心／项目组	1. 研究中心／项目组知识产权管理要求	□已有，引用或修改 □无，新增或另编	
	2. 其他：		

续表

对应条款	文件名称		主责部门
5.6.2 知识产权专员	1. 知识产权专员任命及职责说明	□已有，引用或修改 □无，新增或另编	
	2. 其他：		
6.1.1 员工权责	1. 人力资源制度 2. 人事合同及其附件 3. 知识产权奖酬制度	□已有，引用或修改 □无，新增或另编	
	4. 其他：		
......			
10.2 财务保障	1. 财务管理制度／程序	□已有，引用或修改 □无，新增或另编	
	2. 其他：		
11.1 检查监督	1. 体系检查监督／内部审核程序	□已有，引用或修改 □无，新增或另编	
	2. 其他：		
11.2 评审改进	1. 体系评审改进程序	□已有，引用或修改 □无，新增或另编	
	2. 其他：		

四、知识产权管理（知识产权管理部门答题部分）

1. 单位是否有专门的知识产权管理机构。具体知识产权架构图。

2. 单位是否有知识产权管理规章制度。

3. 单位的知识产权奖励调查。

奖励方式	重要程度（√）				
	非常重要	重要	比较重要	一般	不重要所以没有
技术入股					
一次性奖金					
转化收益分享					
荣誉评奖评优					
优先给科研项目					
其他（请说明）					

4. 在单位的年度预算中，是否包括知识产权经费预算。

5. 是否有目的有计划地开展了知识产权工作（如专利、商标的申请等）。

6. 知识产权管理人员及知识产权专员是否参加相关的技术立项、研发会议。

7. 1）单位是否对新入职员工进行适当的知识产权背景调查。

2）与知识产权关系密切的岗位，是否要求新入职员工签署知识产权声明文件。

3）对离职、退休或出站博士后等离所人员是否进行知识产权事项提醒，明确知识产权权利义务。

4）涉及研究室组长及研究员以上等核心知识产权员工离职时，是否与其签署知识产权协议或竞业限制协议。

……

五、知识产权创造（研究组／研究中心／项目组人员答题部分）

1. 本单位是否根据科研项目的来源和重要程度进行分类管理并实行全过程知识产权管理。

2. 科研项目立项阶段，是否进行知识产权情况调查分析。

3. 在项目立项阶段，是否根据知识产权分析结果优化研发方向，确定知识产权策略。

4. 在项目立项时，是否制定知识产权工作方案。

5. 在项目执行中，是否跟踪研发技术相关的知识产权动态信息并进行分析。

……

六、知识产权运用（知识产权管理部门答题部分）

1. 单位是否有人专门负责知识产权许可与转让。

1）所属部门。

2）许可转让前是否进行知识产权尽职调查。

2. 本单位的知识产权是否得到了利用。

3. 本单位是否建立知识产权评估和分级管理机制。

4. 本单位是否建立知识产权评估权属放弃程序。

5. 本单位是否对于有产业化前景的知识产权，建立转化策略。

……

七、知识产权保护（知识产权管理部门答题部分）

1. 本单位的名称、标志、徽章、服务、标记等是否进行了商标注册。

2. 本单位的未披露信息是否设定了保密制度。

3. 如果收到其他单位发来的知识产权侵权警告律师函，将如何处理。

4. 发生知识产权纠纷后，以下各项都是解决纠纷的可能途径，请按照优先选择的顺序进行排列：（　　　）

……

5. 近5年，本单位发生过的各类知识产权纠纷的次数分别是（　　　）。

……

填表人：

填表日期：　　　年　　　月　　　日

3. 体系文件清单

知识产权管理体系文件目录见表附录1-2。

表附录 1-2　知识产权管理体系文件目录

序号	文件名称	文件编号	管理部门
1	知识产权方针		
2	知识产权目标		
3	知识产权手册		
4	××研究所文件控制程序	×××-××-01	
5	××研究所信息传播管理办法	×××-××-02	
6	××研究所信息公开管理规定	×××-××-03	
7	××研究所公文管理办法	×××-××-04	
8	××研究所研究组管理办法	×××-××-05	
9	××研究所科技论文发表前审查规定	×××-××-06	
10	××研究所技术合同管理规定	×××-××-07	
11	××研究所学委会工作条例	×××-××-08	
12	××研究所科技奖励管理办法	×××-××-09	
13	××研究所国家技术转移中心管理办法	×××-××-10	
14	××研究所科研仪器设备管理办法	×××-××-11	
15	××研究所科技成果奖励实施细则	×××-××-12	
16	××研究所科研物资管理办法	×××-××-13	
17	××研究所知识产权管理办法	×××-××-14	
18	××研究所知识产权检查监督控制程序	×××-××-15	
19	××研究所知识产权专员管理办法	×××-××-16	
20	××研究所专利管理工作实施细则	×××-××-17	
21	××研究所专利管理流程	×××-××-18	
22	××研究所专利工作奖励管理办法	×××-××-19	
23	××研究所国防专利管理流程	×××-××-20	
24	××研究所专利分级管理办法	×××-××-21	
25	××研究所合同知识产权管理规定	×××-××-22	
26	××研究所知识产权档案建档规范	×××-××-23	
27	××研究所项目聘用管理人员管理办法	×××-××-24	

序号	文件名称	文件编号	管理部门
28	××研究所岗位管理实施细则	×××-××-25	
29	××学生管理规定	×××-××-26	
30	××研究所预算执行管理办法	×××-××-27	
31	××研究所标准化工作考核激励办法	×××-××-28	
32	××研究所标准化奖励实施细则	×××-××-39	
33	××研究所技术/商业秘密管理制度	×××-××-30	
34	××研究所网站管理办法	×××-××-31	
35	××研究所电子邮箱使用管理办法	×××-××-32	
36	××研究所档案归档管理办法	×××-××-33	
37	××研究所档案鉴定销毁管理办法	×××-××-34	
38	××研究所知识产权争议处理工作程序	×××-××-35	
39	××研究所知识产权实施、许可和转让程序	×××-××-36	

知识产权管理表单记录目录见表附录 1-3。

表附录 1-3　知识产权管理表单记录目录

序号	记录表单名称	编号	管理部门
1	年度知识产权目标及考核记录	×××-××-01	
2	会议记录通知单	×××-××-02	
3	会议签到表	×××-××-03	
4	会议记录表	×××-××-04	
5	文件回收/销毁清单	×××-××-05	
6	文件发放回收登记表	×××-××-06	
7	技术合同审批表	×××-××-07	
8	资料申报表	×××-××-08	
9	大型科研仪器设备清单	×××-××-09	
10	大型科研仪器设备管理记录本	×××-××-10	

序号	记录表单名称	编号	管理部门
11	研究生科技成果管理规定	×××-××-11	
12	科技论文投稿审批表	×××-××-12	
13	科研物资采购合同审批表	×××-××-13	
14	科研论文发表前审批表	×××-××-14	
15	论文数据出处整理对照表	×××-××-15	
16	项目科研计划概况表	×××-××-16	
17	质量体系内民品项目清单	×××-××-17	
18	知识产权办公室人员情况表	×××-××-18	
19	研究所知识产权专员一览表	×××-××-19	
20	研究所知识产权分类统计表	×××-××-20	
21	研究所外部知识产权服务机构名录	×××-××-21	
22	知识产权检查监督工作计划	×××-××-22	
23	部门知识产权检查监督报告表	×××-××-23	
24	知识产权检查监督工作报告	×××-××-24	
25	知识产权检查监督改进措施表	×××-××-25	
26	法律法规及其他要求文件一览表	×××-××-26	
27	知识产权纠纷处理记录台账	×××-××-27	
28	专利技术申报书	×××-××-28	
29	注册商标管理台账	×××-××-29	
30	专利管理台账	×××-××-30	
31	著作权管理台账	×××-××-31	
32	计算机软件著作权登记申报书	×××-××-32	
33	申请国外（PCT）专利申报书	×××-××-33	
34	项目知识产权评估表	×××-××-34	
35	科研创新与合理化建设评估报告	×××-××-35	
36	项目知识产权检索报告	×××-××-36	
37	知识产权权属变更放弃台账	×××-××-37	

序号	记录表单名称	编号	管理部门
38	授权专利终止申请表	×××－××－38	
39	专利变更申请表	×××－××－39	
40	专利申请放弃表	×××－××－40	
41	知识产权（实施许可转让）申请表	×××－××－41	
42	保密协议书	×××－××－42	
43	人事聘用合同	×××－××－43	
44	年度培训需求表	×××－××－44	
45	培训计划	×××－××－45	
46	培训签到表	×××－××－46	
47	培训申请表	×××－××－47	
48	培训总结表（所内）	×××－××－48	
49	培训总结表（所外）	×××－××－49	
50	培训信息反馈表	×××－××－50	
51	培训效果评估报告	×××－××－51	
52	所内培训需求表	×××－××－52	
53	所外培训需求表	×××－××－53	
54	离职和退休协议书	×××－××－54	
55	入职员工知识产权背景调查表	×××－××－55	
56	入职人员知识产权声明	×××－××－56	
57	研究所知识产权奖励表	×××－××－57	
58	研究所项目情况登记表	×××－××－58	
59	项目知识产权跟踪检索分析记录	×××－××－59	

ICS 03.100.01
A 00

中华人民共和国国家标准

GB/T 33250—2016

科研组织知识产权管理规范

Intellectual property management for research and development organizations

2016-12-13 发布　　　　　　　　　　　　2017-01-01 实施

中华人民共和国国家质量监督检验检疫总局
中国国家标准化管理委员会 发布

目　次

前言 …… Ⅲ

引言 …… Ⅳ

1　范围 ……… 1

2　规范性引用文件 ……………………………………………………………………………………………… 1

3　术语和定义 …………………………………………………………………………………………………… 1

4　总体要求 ……………………………………………………………………………………………………… 2

　4.1　总则 ……………………………………………………………………………………………………… 2

　4.2　知识产权方针和目标 …………………………………………………………………………………… 2

　4.3　知识产权手册 …………………………………………………………………………………………… 2

　4.4　文件管理 ………………………………………………………………………………………………… 3

5　组织管理 ……………………………………………………………………………………………………… 3

　5.1　最高管理者 ……………………………………………………………………………………………… 3

　5.2　管理者代表 ……………………………………………………………………………………………… 3

　5.3　知识产权管理机构 ……………………………………………………………………………………… 3

　5.4　知识产权服务支撑机构 ………………………………………………………………………………… 4

　5.5　研究中心 ………………………………………………………………………………………………… 4

　5.6　项目组 …………………………………………………………………………………………………… 4

6　基础管理 ……………………………………………………………………………………………………… 4

　6.1　人力资源管理 …………………………………………………………………………………………… 4

　6.2　科研设施管理 …………………………………………………………………………………………… 5

　6.3　合同管理 ………………………………………………………………………………………………… 6

　6.4　信息管理 ………………………………………………………………………………………………… 6

7　科研项目管理 ………………………………………………………………………………………………… 6

　7.1　分类 ……………………………………………………………………………………………………… 6

　7.2　立项 ……………………………………………………………………………………………………… 6

　7.3　执行 ……………………………………………………………………………………………………… 6

　7.4　结题验收 ………………………………………………………………………………………………… 6

8　知识产权运用 ………………………………………………………………………………………………… 7

　8.1　评估与分级管理 ………………………………………………………………………………………… 7

　8.2　实施和运营 ……………………………………………………………………………………………… 7

　8.3　许可和转让 ……………………………………………………………………………………………… 7

　8.4　作价投资 ………………………………………………………………………………………………… 7

9　知识产权保护 ………………………………………………………………………………………………… 7

10　资源保障 …………………………………………………………………………………………………… 8

　10.1　条件保障 ……………………………………………………………………………………………… 8

Ⅰ

GB/T 33250—2016

　10.2　财务保障 ………………………………………………………………………… 8

11　检查和改进…………………………………………………………………………… 8

　11.1　检查监督 ………………………………………………………………………… 8

　11.2　评审改进 ………………………………………………………………………… 8

GBT 33250—2016

前　　言

本标准按照 GB/T 1.1—2009 给出的规则起草。

本标准由国家知识产权局提出。

本标准由全国知识管理标准化技术委员会(SAC/TC 554)归口。

本标准起草单位:国家知识产权局、中国科学院、中国标准化研究院。

本标准主要起草人:贺化、马维野、雷筱云、严庆、马鸿雅、徐俊峰、陈明媛、张立、唐炜、刘海波、李锡玲、李小娟、张雪红、李东亚、韩奎国、岳高峰。

Ⅲ

GB/T 33250—2016

引　言

　　科研组织是国家创新体系的重要组成部分,知识产权管理是科研组织创新管理的基础性工作,也是科研组织科技成果转化的关键环节。制定并推行科研组织知识产权管理标准,引导科研组织建立规范的知识产权管理体系,充分发挥知识产权在科技创新过程中的引领和支撑作用,对于激发广大科研人员的创新活力、增强科研组织创新能力具有至关重要的意义。

　　本标准指导科研组织依据法律法规,基于科研组织的职责定位和发展目标,制定并实施知识产权战略。科研组织根据自身发展需求、创新方向及特点等,在实施过程中可对本标准的内容进行适应性调整,建立符合实际的知识产权管理体系。通过实施本标准,实现全过程知识产权管理,增强科研组织技术创新能力,提升知识产权质量和效益,促进知识产权的价值实现。

Ⅳ

科研组织知识产权管理规范

1 范围

本标准规定了科研组织策划、实施和运用、检查、改进知识产权管理体系的要求。

本标准适用于中央或地方政府建立或出资设立的科研组织的知识产权管理。其他性质科研组织可参照执行。

2 规范性引用文件

下列文件对于本文件的应用是必不可少的。凡是注日期的引用文件,仅注日期的版本适用于本文件。凡是不注日期的引用文件,其最新版本(包括所有的修改单)适用于本文件。

GB/T 19000—2008　质量管理体系　基础和术语

GB/T 29490—2013　企业知识产权管理规范

3 术语和定义

GB/T 19000—2008、GB/T 29490—2013 界定的以及下列术语和定义适用于本文件。为了便于使用,以下重复列出了 GB/T 19000—2008、GB/T 29490—2013 中的某些术语和定义。

3.1

科研组织　**research and development organization**

有明确的任务和研究方向,有一定学术水平的业务骨干和一定数量的研究人员,具有开展研究、开发等学术工作的基本条件,主要进行科学研究与技术开发活动,并且在行政上有独立的组织形式,财务上独立核算盈亏,有权与其他单位签订合同,在银行有独立账户的单位。

3.2

知识产权　**intellectual property**

自然人或法人对其智力活动创造的成果依法享有的权利,主要包括专利权、商标权、著作权、集成电路布图设计权、地理标志权、植物新品种权、未披露的信息专有权等。

3.3

管理体系　**management system**

建立方针和目标并实现这些目标的体系。

注:一个组织的管理体系可包括若干个不同的管理体系,如质量管理体系、财务管理体系或环境管理体系。

[GB/T 19000—2008,定义 3.2.2]

3.4

知识产权方针　**intellectual property policy**

知识产权工作的宗旨和方向。

[GB/T 29490—2013,定义 3.6]

3.5

知识产权手册　**intellectual property manual**

规定知识产权管理体系的文件。

1

GB/T 33250—2016

[GB/T 29490—2013,定义3.7]

3.6

员工　staff

在科研组织任职的人员、临时聘用人员、实习人员,以科研组织名义从事科研活动的博士后、访问学者和进修人员等。

3.7

知识产权记录文件　intellectual property recording document

记录组织知识产权管理活动、行为和工作等的文件,是知识产权管理情况的原始记录。

3.8

科研项目　research project

由科研组织或其直属机构承担,在一定时间周期内进行科学技术研究活动所实施的项目。

3.9

项目组　project team

完成科研项目的组织形式,是隶属于科研组织的、相对独立地开展研究开发活动的科研单元。

3.10

专利导航　patent-based navigation

在科技研发、产业规划和专利运营等活动中,通过利用专利信息等数据资源,分析产业发展格局和技术创新方向,明晰产业发展和技术研发路径,提高决策科学性的一种模式。

3.11

知识产权专员　intellectual property specialist

具有一定知识产权专业能力,在科研项目中承担知识产权工作的人员。

4　总体要求

4.1　总则

应按本标准的要求建立、实施、运行知识产权管理体系,持续改进保持其有效性,并形成知识产权管理体系文件,包括:

  a)　知识产权方针和目标;

  b)　知识产权手册;

  c)　本标准要求形成文件的程序和记录。

注1:本标准出现的"形成文件的程序",是指建立该程序,形成文件,并实施和保持。一个文件可以包括一个或多个程序的要求;一个形成文件的程序的要求可以被包含在多个文件中。

注2:上述各类文件可以是纸质文档,也可以是电子文档或音像资料。

4.2　知识产权方针和目标

应制定知识产权方针和目标,形成文件,由最高管理者发布并确保:

  a)　符合法律法规和政策的要求;

  b)　与科研组织的使命定位和发展战略相适应;

  c)　知识产权目标可考核并与知识产权方针保持一致;

  d)　在持续适宜性方面得到评审;

  e)　得到员工、学生的理解和有效执行。

4.3　知识产权手册

编制知识产权手册并应保持其有效性,包括:

2

a) 知识产权组织管理的相关文件；
b) 人力资源、科研设施、合同、信息管理和资源保障的知识产权相关文件；
c) 知识产权获取、运用、保护的相关文件；
d) 知识产权外来文件和知识产权记录文件；
e) 知识产权管理体系文件之间相互关系的表述。

4.4 文件管理

知识产权管理体系文件应满足以下要求：
a) 文件内容完整、表述明确，文件发布前需经过审核、批准；文件更新后再发布前，要重新进行审核、批准；
b) 建立、保持和维护知识产权记录文件，以证实知识产权管理体系符合本标准要求；
c) 按文件类别、秘密级别进行管理，易于识别、取用和阅读，保管方式和保管期限明确；
d) 对行政决定、司法判决、律师函件等外来文件进行有效管理；
e) 因特定目的需要保留的失效文件，应予以标记。

5 组织管理

5.1 最高管理者

最高管理者是科研组织知识产权管理第一责任人，负责：
a) 制定、批准发布知识产权方针；
b) 策划并批准知识产权中长期和近期目标；
c) 决定重大知识产权事项；
d) 定期评审并改进知识产权管理体系；
e) 确保资源配备。

5.2 管理者代表

最高管理者可在最高管理层中指定专人作为管理者代表，总体负责知识产权管理事务：
a) 统筹规划知识产权工作，审议知识产权规划，指导监督执行；
b) 审核知识产权资产处置方案；
c) 批准发布对外公开或提交重要的知识产权文件；
d) 协调涉及知识产权管理部门之间的关系；
e) 确保知识产权管理体系的建立、实施、保持和改进。

5.3 知识产权管理机构

建立知识产权管理机构，并配备专职工作人员，承担以下职责：
a) 拟定知识产权规划并组织实施；
b) 拟定知识产权政策文件并组织实施，包括知识产权质量控制，知识产权运用的策划与管理等；
c) 建立、实施和运行知识产权管理体系，向最高管理者或管理者代表提出知识产权管理体系的改进需求建议；
d) 组织开展与知识产权相关的产学研合作和技术转移活动；
e) 建立专利导航工作机制，参与重大科研项目的知识产权布局；
f) 建立知识产权资产清单，建立知识产权资产评价及统计分析体系，提出知识产权重大资产处置方案；

3

g) 审查合同中的知识产权条款,防范知识产权风险;

h) 培养、指导和评价知识产权专员;

i) 负责知识产权日常管理工作,包括知识产权培训,知识产权信息备案,知识产权外部服务机构的遴选、协调、评价工作等。

注:重大科研项目由科研组织自行认定。

5.4 知识产权服务支撑机构

建立知识产权服务支撑机构,可设在科研组织中负责信息文献的部门,或聘请外部服务机构,承担以下职责:

a) 受知识产权管理机构委托,为建立、实施与运行知识产权管理体系提供服务支撑;

b) 为知识产权管理机构提供服务支撑;

c) 为科研项目提供专利导航服务;

d) 负责知识产权信息及其他数据文献资源收集、整理、分析工作。

5.5 研究中心

研究中心应配备知识产权管理人员,协助研究中心负责人,承担本机构知识产权管理工作,具体包括以下职责:

a) 拟定知识产权计划并组织实施;

b) 统筹承担科研项目的知识产权工作;

c) 知识产权日常管理,包括统计知识产权信息并报送知识产权管理机构备案等;

d) 确保与知识产权管理机构的有效沟通,定期向其报告知识产权工作情况。

注:研究中心是指科研组织直接管理的实验室、研究室等机构。

5.6 项目组

5.6.1 项目组长

项目组长负责所承担科研项目的知识产权管理,包括:

a) 根据科研项目要求,确定知识产权管理目标并组织实施;

b) 确保科研项目验收时达到知识产权考核的要求;

c) 设立项目组知识产权专员。

5.6.2 知识产权专员

协助项目组长进行科研项目知识产权管理,负责:

a) 专利导航工作;

b) 知识产权信息管理,并定期向研究中心报告科研项目的知识产权情况;

c) 组织项目组人员参加知识产权培训;

d) 项目组知识产权事务沟通。

6 基础管理

6.1 人力资源管理

6.1.1 员工权责

通过人事合同明确员工的知识产权权利与义务,包括:

4

a) 与员工约定知识产权权属、奖励报酬、保密义务等；

b) 建立职务发明奖励报酬制度,依法对发明人给予奖励和报酬,对为知识产权运用做出重要贡献的人员给予奖励；

c) 明确员工造成知识产权损失的责任。

6.1.2 入职和离职

加强入职、离职人员的知识产权管理,包括：

a) 对新入职员工进行适当的知识产权背景调查,形成记录；

b) 对于与知识产权关系密切岗位,应要求新入职员工签署知识产权声明文件；

c) 对离职、退休的员工进行知识产权事项提醒,明确有关职务发明的权利和义务；

d) 涉及核心知识产权的员工离职时,应签署知识产权协议或竞业限制协议。

6.1.3 培训

组织开展知识产权培训,包括：

a) 制定知识产权培训计划；

b) 组织中、高层管理人员的知识产权培训；

c) 组织知识产权管理人员的知识产权培训；

d) 组织项目组长、知识产权专员的专项培训；

e) 组织员工的知识产权培训。

6.1.4 项目组人员管理

加强项目组人员的知识产权管理,包括：

a) 针对重大科研项目进行项目组人员知识产权背景调查;必要时签署保密协议；

b) 在论文发表、学位答辩、学术交流等学术事务前,应进行信息披露审查；

c) 在项目组人员退出科研项目时,进行知识产权提醒。

6.1.5 学生管理

加强学生的知识产权管理,包括：

a) 组织对学生进行知识产权培训,提升知识产权意识；

b) 学生进入项目组,应进行知识产权提醒；

c) 在学生发表论文、进行学位答辩、学术交流等学术事务前,应进行信息披露审查；

d) 学生因毕业等原因离开科研组织时,可签署知识产权协议或保密协议。

6.2 科研设施管理

加强科研设施的知识产权管理,包括：

a) 采购实验用品、软件、耗材时进行知识产权审查；

b) 处理实验用过物品时应进行相应的知识产权检查；

c) 在仪器设备管理办法中明确知识产权要求,对外租借仪器设备时,应在租借合同中约定知识产权事务；

d) 国家重大科研基础设施和大型科研仪器向社会开放时,应保护用户身份信息以及在使用过程中形成的知识产权和科学数据,要求用户在发表著作、论文等成果时标注利用科研设施仪器情况。

5

GB/T 33250—2016

6.3 合同管理

加强合同中的知识产权管理,包括:

a) 对合同中的知识产权条款进行审查,并形成记录;

b) 检索与分析、预警、申请、诉讼、侵权调查与鉴定、管理咨询等知识产权对外委托业务应签订书面合同,并约定知识产权权属、保密等内容;

c) 在进行委托开发或合作开发时,应签订书面合同,明确约定知识产权权属、许可及利益分配、后续改进的权属和使用、发明人的奖励和报酬、保密义务等;

d) 承担涉及国家重大专项等政府项目时,应理解该项目的知识产权管理规定,并按照要求进行管理。

6.4 信息管理

加强知识产权信息管理,包括:

a) 建立信息收集渠道,及时获取所属领域、产业发展、有关主体的知识产权信息;

b) 建立专利信息分析利用机制,对信息进行分类筛选和分析加工,形成产业发展、技术领域、专利布局等有关情报分析报告,并加以有效利用;

c) 建立信息披露的知识产权审查机制。

7 科研项目管理

7.1 分类

根据科研项目来源和重要程度等对科研项目进行分类管理;科研项目应实行立项、执行、结题验收全过程知识产权管理,重大科研项目应配备知识产权专员。

7.2 立项

立项阶段的知识产权管理包括:

a) 确认科研项目委托方的知识产权要求,制定知识产权工作方案,并确保相关人员知悉;

b) 分析该科研项目所属领域的发展现状和趋势、知识产权保护状况和竞争态势,进行知识产权风险评估;

c) 根据分析结果,优化科研项目研发方向,确定知识产权策略。

7.3 执行

执行阶段的知识产权管理包括:

a) 搜集和分析与科研项目相关的产业市场情报及知识产权信息等资料,跟踪与监控研发活动中的知识产权动态,适时调整研发策略和知识产权策略,持续优化科研项目研发方向;

b) 定期做好研发记录,及时总结和报告研发成果;

c) 及时对研发成果进行评估和确认,明确保护方式和权益归属,适时形成知识产权;

d) 对研发成果适时进行专利挖掘,形成有效的专利布局;

e) 研发成果对外发布前,进行知识产权审查,确保发布的内容、形式和时间符合要求;

f) 根据知识产权市场化前景初步确立知识产权运营模式。

7.4 结题验收

结题验收阶段的知识产权管理包括:

6

a) 分析总结知识产权完成情况，确认科研项目符合委托方要求；
b) 提交科研项目成果的知识产权清单，成果包括但不限于专利、文字作品、图形作品和模型作品、植物新品种、计算机软件、商业秘密、集成电路布图设计等；
c) 整理科研项目知识产权成果并归档；
d) 开展科研项目产出知识产权的分析，提出知识产权维护、开发、运营的方案建议。

8 知识产权运用

8.1 评估与分级管理

评估与分级管理中应满足以下要求：
a) 构建知识产权价值评估体系和分级管理机制，建立知识产权权属放弃程序；
b) 建立国家科研项目知识产权处置流程，使其符合国家相关法律法规的要求；
c) 组成评估专家组，定期从法律、技术、市场维度对知识产权进行价值评估和分级；
d) 对于有产业化前景的知识产权，建立转化策略，适时启动转化程序，需要二次开发的，应保护二次开发的技术成果，适时形成知识产权；
e) 评估知识产权转移转化过程中的风险，综合考虑投资主体、共同权利人的利益；
f) 建立知识产权转化后发明人、知识产权管理和转化人员的激励方案；
g) 科研组织在对科研项目知识产权进行后续管理时，可邀请项目组选派代表参与。

8.2 实施和运营

实施和运营过程中应满足以下要求：
a) 制定知识产权实施和运营策略与规划；
b) 建立知识产权实施和运营控制流程；
c) 明确权利人、发明人和运营主体间的收益关系。

8.3 许可和转让

许可和转让过程中应满足以下要求：
a) 许可和转让前进行知识产权尽职调查，确保相关知识产权的有效性；
b) 知识产权许可和转让应签订书面合同，明确双方的权利和义务，其中许可合同应当明确规定许可方式、范围、期限等；
c) 监控许可和转让流程，预防与控制许可和转让风险，包括合同的签署、备案、执行、变更、中止与终止，以及知识产权权属的变更等。

8.4 作价投资

作价投资过程中应满足以下要求：
a) 调查技术需求方以及合作方的经济实力、管理水平、所处行业、生产能力、技术能力、营销能力等；
b) 根据需要选择有资质的第三方进行知识产权价值评估；
c) 签订书面合同，明确受益方式和比例。

9 知识产权保护

应做好知识产权保护工作，防止被侵权和知识产权流失：

7

GB/T 33250—2016

a) 规范科研组织的名称、标志、徽章、域名及服务标记的使用,需要商标保护的及时申请注册;

b) 规范著作权的使用和管理,建立在核心期刊上发表学术论文的统计工作机制,明确员工和学生在发表论文时标注主要参考文献、利用国家重大科研基础设施和大型科研仪器情况的要求;

c) 加强未披露的信息专有权的保密管理,规定涉密信息的保密等级、期限和传递、保存及销毁的要求,明确涉密人员、设备、区域;

d) 明确职务发明创造、委托开发、合作开发以及参与知识产权联盟、协同创新组织等情况下的知识产权归属、许可及利益分配、后续改进的权属等事项;

e) 建立知识产权纠纷应对机制,制定有效的风险规避方案;及时发现和监控知识产权风险,避免侵犯他人知识产权;及时跟踪和调查相关知识产权被侵权的情况,适时通过行政和司法途径主动维权,有效保护自身知识产权。

10 资源保障

10.1 条件保障

根据需要配备相关资源,支持知识产权管理体系的运行,包括:

a) 软硬件设备,如知识产权管理软件、计算机和网络设施等;

b) 办公场所。

10.2 财务保障

设立经常性预算费用,用于:

a) 知识产权申请、注册、登记、维持;

b) 知识产权检索、分析、评估、运营、诉讼;

c) 知识产权管理机构、服务支撑机构运行;

d) 知识产权管理信息化;

e) 知识产权信息资源;

f) 知识产权激励;

g) 知识产权培训;

h) 其他知识产权工作。

11 检查和改进

11.1 检查监督

定期开展检查监督,根据监督检查的结果,对照知识产权方针、目标,制定和落实改进措施,确保知识产权管理体系的适宜性和有效性。

11.2 评审改进

最高管理者应定期评审知识产权管理体系的适宜性和有效性,制定和落实改进措施,确保与科研组织的战略方向一致。

8

致 谢

科研组织是科研创新和成果转化的重要阵地，是生产和传播知识的重要场所，是知识产权创造、运用、保护和管理的重要主体，而知识产权标准化是知识产权工作提质增效、助力创新发展的新引擎。在科研组织贯彻推行知识产权管理标准是切实加强其知识产权工作的有力抓手，是激发科研组织创新活力、增强创新能力的有效方式，也是因应创新型国家和知识产权强国建设要求的重要手段。

本书从 2018 年 9 月底开始筹备，目的是帮助科研组织知识产权管理人员深入、细致地理解知识产权管理规范的要求，理解从何入手进行知识产权管理体系建设，包括筹备策划、建立制度、实施运行、评价改进等。

感谢中国科学院科技战略研究院刘海波研究员在科研组织知识产权标准化研究方面的有益探索和总结，感谢他对标准条款的细致讲解以及为本书的编写给予的悉心指导和建设性意见。

感谢国家知识产权局雷筱云司长、陈明媛处长和徐俊峰调研员的指导。

感谢中国科学院科技促进发展局严庆局长、陈文开副局长、田永生处长和陈浩副处长，中国科学院知识产权运营管理中心隋雪青主任及各位老师给予的指导和支持。

感谢中国科学院大连化学物理研究所刘中民所长、王华书记、蔡睿副所长、张晨处长、肖宇处长以及冯天时博士在本书编写过程中给予的大力支持。

感谢在本书编写过程中马苑馨、王慧、王寒枝、王鹏飞、王保得、王丽贤、田洋、冯天时、刘晖、李小娟、李玉婷、张小云、张建伟、张博仑、房世峰、赵得萍、姜楠、徐小宁、徐昊、高静、桑石云、矫文策、梁丽、韩晓娜和穆堃诸位老师参与研讨并提出的宝贵意见。

感谢编辑尹娟老师和审稿人徐圆圆老师的指导和建议。

在本书编写及修改过程中还得到了中国科学院大连化学物理研究所张家港产业技术研究院有限公司、苏州氢智汇知识产权有限公司、万派技术转移（长春）有限公司、万晟佳音（厦门）知识产权事务有限公司的帮助和支持，在此一并感谢。

感谢一直以来关注科研组织知识产权工作的专家学者。

本书由大连市人民政府以及中国科学院 A 类战略性先导科技专项（专项编号：XDA21000000）资助出版。